For Kelly
You have a meek + soft spirit
You have courage and strength ♡

Roxie
Ruen

Retoma Tu Poder

Una guía para que encuentres tu voz y recuperes tu poder

Rosie Rivera

Recibirán poder cuando el Espíritu Santo venga sobre ustedes y serán mis testigos en Jerusalén, Judea, Samaria y hasta el fin del mundo.
- Jesucristo

Dedicación

Esto es para todas aquellas personas que han sido señaladas como problemáticas, mentirosas, promiscuas y, o casos perdidos. Escribí este libro para ti porque yo un día me sentí igual que tú. El mismo poder que me liberó a mi también te puede liberar a ti. ¡Recupera tu poder!

Prólogo

   Mi pesadilla comenzó un día en el verano de 1989, a la edad de 8 años. Lo recuerdo claramente, a pesar de que intenté olvidarlo diariamente, durante los 18 años consecuentes a esa fecha. Fui a pasar el fin de semana a la casa de mi hermana, Jenni a la casa rodante en donde vivía con su entonces esposo Trino, y con su hija Chiquis, de 4 años. Jenni era mi única hermana y la quería (y la quiero) tanto que anhelaba pasar el mayor tiempo posible con ella. Ese día había un suculento aroma, ya que ella estaba haciendo mi plato favorito. Jenni sabía cuánto me encantaban sus famosas albóndigas del espagueti. Mientras ella cocinaba, yo jugaba con mi sobrina Chiquis en su habitación, cuando de repente oímos gritos y una puerta se cerró de golpe. Chiquis y yo salimos corriendo a ver qué pasaba y Trino dijo que Jenni había ido a la tienda porque se le olvidó comprar la carne molida para el espagueti. La explicación sonaba lógica, así que continuamos jugando.

Minutos después, Trino entró a la habitación y le pidió a Chiquis que fuera a jugar afuera. Ella no quería irse, pero al escuchar el tono autoritario de su padre, obedeció inmediatamente. Una vez que mi sobrina salió, Trino me preguntó si quería participar en "el juego del amor", yo acepte sin saber de que se trataba. Sabía lo que era el amor porque continuamente lo recibía de mi familia. Quizá por eso un "juego de amor" me parecía algo seguro. Sin embargo, al sentir que me bajaba mis pantalones cortos y besaba mi cuello, me congelé de miedo. Estaba tan confundida porque a pesar de que obedecía a un adulto, no me sentía bien. Algo definitivamente estaba mal, pero como no me dolía físicamente, mi mente no podía registrar de todo, la maldad de ese momento. No sabía qué hacer, así que me quedé allí llena de pánico hasta que oí que se abría la puerta y escuche la voz suave e inocente de Chiquis. Ella le preguntó a su padre si me estaba haciendo lo mismo que le hacia a su mamá y él le gritó que se fuera. Fue entonces cuando confirme que algo definitivamente estaba mal, pero no supe cómo detenerlo. Esperé a que terminara, mientras fingía que él era un personaje de una de las series favoritas de mis libros.

 A partir de ese momento, aunque traté de evitar a Trino a toda costa, el abuso continuó durante varios años. Amenazó con matar a mi hermana si le contaba lo ocurrido a alguien y temiendo que lo haría, me decidí a callar y sufrir mi dolor a solas. Empecé a vestirme como varón, e inconscientemente engordé, intentando ser menos deseable, pero eso no lo detenía. Eventualmente, dejó de abusar de mí cuando llegue a la pubertad, porque según él, "no le gustaban las chicas mayores". Años más tarde me entere de que también había empezado a abusar de su propia hija, Chiquis, exactamente a la misma edad que tenia yo cuando empezó a abusar de mi, ocho años.

Nunca tuve el valor de hablar con nadie hasta años después cuando otra amenaza de parte de Trino hacia mi hermana me motivo a querer protegerla, una vez más. A pesar de que fue extremadamente doloroso decir la verdad, fue precisamente esa confesión, la que inició mi proceso de sanación. Durante 18 años, me atormenté con ese secreto que me estaba enfermando emocionalmente.   Era tanto mi dolor, mi miedo y la vergüenza que sentía en mi corazón que lo único que quería era morirme. Mi muerte me parecía que seria el camino mas fácil. Intenté muchas veces terminar con mi existencia, pero Dios sabía que esa no era la solución para los estragos que el abuso me habían dejado. La última vez que intenté suicidarme, fue en noviembre del 2005. Caminé por las calles con una falda y una blusa pegada al cuerpo buscando un pleito. Pronto me di cuenta de que nadie me ponía atención, así que comencé a desprenderme de la ropa, del teléfono celular, de mis zapatos y de los demás accesorios que traía conmigo tratando de lograr que alguien pudiera violarme y matarme. Con cada artículo que sacaba y tiraba a la calle, sentía que me quitaba un peso de encima. Era como si cada prenda representara el abuso sexual del que fui víctima. Me despegue de la suciedad, arranqué el pecado, aventé mi vergüenza, dejé de lado al miedo y me presenté delante de Dios, transparente y rota. Aunque no había hablado con Él en varios años, de alguna manera entendía que solo Él podría llenarme de vida, amor y paz. Me vacié completamente para que Dios pudiera llenarme de nuevo. En aquel entonces, yo no sabia por qué querría salvarme, pero ahora si lo sé. Dios me me ama demasiado para haberme dejarme avergonzada, magullada y rota. Él quería sanarme y llenarme de poder para que yo a mi vez después pudiera ayudar a otros que estén atravesando por las mismas luchas y desafíos, a que logren sobrevivir.

Después de 25 años de lidiar con el trauma, el dolor y el proceso de sanidad, estoy viva hoy para poder decirte que después de haber vivido el abuso sexual, puede haber gozo, esperanza y una vida normal. Debes apropiarte de tu propia historia y tomar las medidas necesarias para que retomes tu poder y ayudes a otros que están atravesando por un trauma similar. Comparto mi experiencia, pidiéndole a Dios que tu proceso de sanidad no dure veinticinco años como duro el mío.

Lo mismo le puede pasar a un niño ya que lamentablemente la mayoría de los casos no se denuncian porque usualmente ese niño está muy asustado y muy avergonzado para poder hablar. Una de cada 4 niñas y uno de cada 9 niños son abusados sexualmente antes de los 18 años. Los abusadores suelen tener de 10 a 20 víctimas y saben exactamente qué decirle a los niños para que no hablen. Los niños se convierten en adultos quebrantados, incapaces de saber recibir amor por parte de otros, de Dios o de ellos mismos. Muchos tienen tendencias suicidas, porque se sienten indignos y sin esperanza.

Para cualquier persona que lea este libro y se sienta avergonzada, perdida y sola, la aliento a seguir adelante ya que una restauración completa, si es posible. Restauración significa regresar al estado original de lo que Dios tenia planeado desde el principio para ti y no en lo que el abuso te convirtió.

En mi libro, *MisPedazos Rotos,* compartí contigo mi dolor para que sepas que no estás sola durante esta jornada y ahora mediante este libro, mi intención es el darte las herramientas para sanar. Comprenderás completamente que lo que te pasó no fue tu culpa y que puedes amarte a ti misma de la misma manera como Dios te ama. Aunque es difícil, una vez que hayas terminado de leer este libro, tendrás la fuerza para decirle a los demás la verdad y podrás perdonar al abusador y recuperar tu paz, nuevamente.

Tendrás el valor de buscar justicia para que el verdugo no continúe haciéndole daño a mas victimas, y retomarás tu poder porque te darás cuenta que la vergüenza ya no puede distorsionar tu visión de Dios ni de ti misma.. Sabrás que tu verdadera identidad está en Dios. Podrás disfrutar de la plenitud del amor con paz, en lugar de intentar huir o de auto sabotear tu vida, porque verás el corazón del Padre hacia sus hijos con claridad, en lugar de verlo a través del lente sucio de la vergüenza.

Durante 18 años, fui prisionera de mi pasado y no pasó un solo día sin que dejara de pensar en el abuso y no quiero eso para ti. He trabajado mucho en mi sanación y ahora quiero compartirte lo que he aprendido para que tú también puedas liberarte de los traumas de tu pasado y vivir una vida plena y feliz. Sé que eso es posible porque Dios lo hizo en mí. Ahora tengo una relación sana con mi esposo, Abel. Nos amamosy nos aceptamos con todo lo que somos, soy una madre involucrada en la vida de nuestros hijos, e invierto mucho tiempo ayudando a los demás no solo a salir adelante, sino también a sobresalir en la vida. La sanidad es un proceso y requerirá mucho trabajo, pero tu eres importante y lo vales. Tengo el honor de caminar de la mano contigo y pasar de hermanos del dolor, a ser hermanos de la restauración.

Introducción

Te animo a que comiences tu proceso de sanidad, hoy mismo, ya que si eres como yo, seguramente lo has estado posponiendo. Cuando luchamos en contra de cualquier tipo de abuso, por lo general nos atoramos dentro de la etapa de víctimas, y hoy quiero guiarte a salir de ella. Incluso, si el abuso ocurrió hace diez años, todavía puedes ser sanado (a) y libre.

Con mi primer libro, *Mis Pedazos Rotos,* pude guiar a los lectores a reconocer la necesidad de sanidad después de sufrir abuso sexual o físico. A veces crees que si escondes tu dolor dentro de un cajón, desaparecerá, pero años más tarde te encontrarás luchando contra los mismos problemas que el abuso trajo a tu vida. Con este libro quiero ayudarte a dar el primer paso para que puedas comenzar tu proceso de sanidad. Después de darte cuenta de que no puedes ignorar el abuso de tu pasado, te preguntas; *"¿Y ahora qué?¿Cómo le hago?"*. Tienes que saber que el proceso está disponible para ti, pero debes desearlo y trabajar duro, en él. Algunas promesas de Dios requieren pasos de fe y obediencia de nuestra parte; No puedes esperarte a que Dios lo haga todo. Tu herida puede no ser tu culpa, pero buscar la sanidad si es tu responsabilidad.

En este libro comparto mis consejos, algunas claves y el recorrido para ayudarte a pasar por tu proceso de sanación. Te daré herramientas para superar todos tus miedos, tu dolor y tus excusas para que puedas ser restaurado(a) completamente. Tendrás la victoria a través de este proceso. Este libro pude ser el inicio de tu jornada, pero es tu responsabilidad continuar hasta completar tu sanidad. Si se vuelve demasiado abrumador, puedes tomarte un descanso, pero no darte por vencido. Al lado de Cristo verás quién eres verdaderamente, sin dolor, sin coraje y sin la vergüenza causada por el abuso. Tu cuerpo, tu mente y tu alma serán renovados.

El otro día escuché mi canción favorita; "*Renuévame*" y de inmediato me acorde cuando tenía 13 años. Recuerdo estar en el altar de la iglesia clamando a Dios y pidiéndole que por favor me cambiara. Le suplicaba que se llevara mi horrible actitud. Estaba alejando a mi familia y de mis amigos. Me sentía tan sola. Anhelaba relaciones profundas. Yo quería tener conexiones como todas las demás personas. Quería ir al centro comercial con amigos, pero en cambio me quedaba en casa leyendo un libro soñando con ser otra persona. Me imaginaba que era yo el personaje de las historias que leía para poder escapar de mi propia y triste realidad. Le suplicaba a Dios que por favor me cambiara porque ya no quería sentir más ira. No quería ser amargada. Quería ser amable, dulce y cariñosa como las demás chicas que solían atraer a los chicos. El verso dentro de la canción; *"renuévame, ya no quiero ser igual"* me impactó profundamente. Después de rogarle a Dios una y otra vez, pensé que no me estaba escuchando. Temí que no fuera a cambiarme nunca. Pensé que Dios estaba enojado conmigo. Muchos años después, descubrí que El no iba a quitarme mi ira, yo tenia que entregársela. Dios no iba a tomar mi amargura, sino que dependía de mí transformarla con su ayuda y con su guía. Comprendí que El estaba dispuesto y anhelaba sanarme, pero que yo tenía que dar el primer paso hacia Él. La Biblia nos ofrece más de 3,000 promesas de bienestar, pero para recibir la mayoría de ellas, necesitamos dar el primer paso de obediencia y eso fue precisamente lo que tuve que aprender a hacer.

Estoy tan agradecida con Dios, que ya no estoy herida o enojada y ahora cuando escucho esa canción, puedo sonreír porque entiendo que estoy siendo renovada constantemente. Dios me estaba escuchando, y comenzó a transformarme para ayudarme a ser cada día más semejante a Él, e ir caminando juntos tomados de la mano. Poco a poco estoy logrando ser la mujer que El siempre había querido que yo fuera. Aunque el trabajo en mí aun no está terminado, por lo menos ya no soy la misma que era antes. Ahora sé que las mismas cosas que el diablo hizo para dañarme, Dios las ha usado para mi bienestar. Si estas dispuestoa, puedes seguir los mismos pasos que yo tomé para que puedas renovarte. Son los pasos más difíciles que he tomado, pero a través de ellos, he recuperado mi poder.

Perdonar al hombre que abusó de mí fue difícil, pero Dios me dio el poder y la fuerza para hacerlo. Ahora tengo paz, alegría y no hay amargura en mi corazón. Mi ira ha sido reemplazada por la compasión, y estoy feliz de ser la Rosie que era antes de que comenzara el abuso.

Mientras estás leyendo este libro, toma notas. Hemos luchado tanto para olvidar nuestro pasado, que ahora nuestra mente pudiera estar acostumbrada a bloquear algunas cosas. Escribe todo lo que Dios te revele y te traiga a la memoria mientras lees este libro, para que puedas sanar por completo y para que cuando surjan los recuerdos, años mas tarde, ya no te atormenten. Toma notas en tu celular o consigue un diario. Encuentra la manera de recordarlos para que puedas enfrentarlos ante la presencia de Dios y quitar el poder que tienen sobre de ti.
Cuando decidas tomar estos desafíos, ora antes de empezarlos para que puedas hacer cada uno de ellos, con gran propósito y convicción.
Cuando ores, hazlo con todo tu corazón y repite tus oraciones en voz alta. Siéntete libre de parafrasearlas y de agregarle palabras para hacerlas completamente tuyas. Estas oraciones sirven como guía para que comience tu comunicación personal con tu Padre Celestial. Dios puede leer tu mente, pero estas oraciones no son del todo para Él; Sino también para ti. Necesitamos recordar el poder de Dios. Nuestra carne es muy olvidadiza y debemos recordar quiénes somos y el poder que tenemos dentro. Debemos recordar la sanidad que esta disponible a través del poder del Espíritu Santo.

Te anímo a documentar tu jornada mientras lees este libro. Nunca sabrás que tan importante y poderosas son tus notas como para compartirlas con alguien que necesite leerlas. Puede ser tu propio libro, con el que tu podrás ayudar a otros. Si te convirtieras en la mejor autora del New York Times o no, ese no es el caso, pero si salváras una sola vida en tu jornada, entonces eso si valdrá la pena. Todos tenemos temores, pero las personas que mas han impactado al mundo, son las que han reemplazado el miedo por el valor. Sé que tu también lo puedes hacer. Creo en ti.

Toma un poco de tiempo todos los días y lee este libro como un cuidado personal. Amarte a ti misma te convertirá en una esposa, madre, hermana y amiga emocionalmente sana. Eso te hará una mejor versión de ti misma. Si tienes ganas de rendirte, no lo hagas. Esos impulsos vendrán, pero cuando lleguen, simplemente tomate un descanso. Haz algo que te ayude a relajarte y a descansar, pero después vuelve a leer el libro donde lo dejaste. Te repito, tomar descansos está bien, pero rendirte, jamás. Este libro no es solo mi historia, es nuestra historia, la historia de millones de hombres y mujeres que en un tiempo fueron victimas del abuso. Un día nos encontraremos y compartiremos nuestro caminar juntas y me encantaría saber acerca de tu propia transformación.

Mientras lees este libro, únete a un grupo de apoyo a donde puedas compartir tu historia y a aprender de los demás. Tal vez sea un grupo para victimas, un grupo sanador, un grupo de consejería o tal vez sea una terapia individual. Es importante buscar ayuda externa porque muchas veces no estamos preparados para ayudarnos a nosotros mismos. Todos necesitamos ayuda de otras personas en algún momento de nuestras vidas. El hecho de que no lo hagamos solos, no significa que seamos débiles, mas bien demuestra que somos lo suficientemente fuertes como para querer cambiar y lo suficientemente humildes como para reconocer nuestras propias limitaciones. Busca personas mas fuertes que tu en la misma área en la que tu te sientas débil.

La sanidad es un proceso en el que existe la posibilidad de una recaída. No te rindas, mas bien arrepiéntete ante Cristo y recibe su gracia y su misericordia. Animate a ti misma, estudia la Palabra de Dios y sigue leyendo libros de motivación que te recuerden el gran poder que Dios te da. Hay que re examinar y volver a aprender a utilizar tus herramientas para que puedas continuar hacia adelante en tu proceso de sanidad.

Las historias de la Biblia que te ofrezco, son solo un vistazo de lo que Dios tiene para ti, así que continúa leyéndola por tu cuenta. Encuentra una iglesia donde te sientas como en casa, a la que puedas asistir y que alimente tu alma. La Palabra de Dios es la mejor medicina para nuestras heridas emocionales.

Busca un grupo de amigos sanos quienes tal vez nunca han experimentado el abuso, pero que han pasado por otros tipos de tragedias y que las han superado. Rodéate de personas llenas de fe y de sabiduría, para que compares y puedas comenzar a apreciar lo que significa vivir emocionalmente estable. Una vez que seas sanada, será tu oportunidad para ayudar y elevar a otras personas. Eso hará que tu vida sea mucho más abundante y llena de propósito.

Contenido

Prefacio
Prólogo
Introducción

Parte 1 Darle Sentido A Todo
 Capítulo 1 ¿Dónde Estaba Dios?
 Capítulo 2 Entendiendo Lo Que Pasó
 Capítulo 3 A dueñate De Tu Historia
 Capítulo 4 Identidad
 Capítulo 5 Eleva tus amistades

Parte 2 Saliendo De La Oscuridad
 Capítulo 6 Usa Tu Voz
 Capítulo 7 Toma Responsabilidad De Tus Acciones
 Capítulo 8 Perdonar = Paz

Parte 3 Encontrando El Amor Verdadero
 Capítulo 9 Amor
 Capítulo 10 El Poder De Dos
 Capítulo 11 Amándola a pesar De Todo

Parte 4 Creando Un Mejor Futuro
 Capítulo 12 Protegiendo A Tus Hijos
 Capítulo 13 Sueña Como una Niña otra vez
 Capítulo 14 De Victima A Victoriosa

Reconocimientos

Parte 1

Darle SentidoATodo

1

¿Dónde Estaba Dios?

Una perla, es una gema hermosa, formada gracias a un proceso doloroso. El tesoro de nuestro ser en este mundo también es producido por una herida viva y dolorosa. Si no hubiéramos tenido heridas, si no hubiéramos sido lastimados, entonces no produciríamos esa perla.
-Stephan Hoeller

Ninguno de nosotros sobrevivirá esta vida sin experimentar alguna forma de dolor, pérdida, enfermedad, abandono o traición. Cuando esto sucede, en lugar de recurrir a Dios, muchos de nosotros lo culpamos. Hay dos dioses; el verdadero, y creado por la vergüenza que viene sobre nosotros con el pecado[i].Cuando la vergüenza ha obstaculizado nuestro juicio, sentimos que Dios *"nos la causó"* y pensamos una de dos cosas: O somos personas terribles si es que Dios puso eso en nuestra vida o, Él es un Dios terrible por haberlo permitido. En realidad, Dios es quien verdaderamente cura nuestras heridas y convierte el dolor en sabiduría. Nuestro Creador y Padre nunca quiso que sufriéramos abusos, pero la maldad entro al mundo mediante el pecado.

Dios tiene un plan de paz para todas nuestras vidas y nos guía a obedecer y a seguir su camino, pero todos hemos caído fuera de la gloria de Dios. Cuando las personas caen fuera, terminan lastimando a los demás y a ellos mismos en el proceso, porque el pecado lastima a toda la gente. Ahí es cuando Dios tiene que intervenir, salvarnos y sanar nuestras heridas. Al principio muchos de nosotros dudamos porque la vergüenza nos ha hecho olvidar nuestra identidad en Dios y su amorosa identidad del buen Padre que es El. Lo culpamos porque ya no conocemos su corazón, no reconocemos que el pecado vino al mundo a través del hombre y no del anhelo de nuestro Creador. Dios ha estado con nosotros todo el tiempo y nunca nos ha abandonado. Dios le dio a todos voluntad libre y algunos usan ese libre albedrío para el mal. Mucha gente se pregunta:*"¿Por qué Dios no los detuvo ni los controló?"* Dios nos creó para tener una relación con El, basada en nuestra propia decisión.

Dios no quiere convertirnos en robots porque Él desea que elijamos amarlo voluntariamente. Él está aquí para redimirnos y traernos justicia cuando otros pecan en contra nosotros. La justicia de Dios no depende de nuestro comportamiento, de que si somos buenos o de que si somos malos; Depende de su carácter y no puede negar quién es El. Él hace justicia porque ama la justicia. La justicia debe estar en su poder porque Él la define y debemos confiar en que Él la rectificará. No debemos tomarla con nuestras propias manos. Nuestra sanidad por otro lado, depende de un paso de fe dado por nosotros mismos. La mayoría de las promesas en la Biblia requieren una acción o un paso de obediencia de nuestra parte. Da un paso y Él tomara otro paso hacia ti. Él no ha fallado nunca y no empezará a hacerlo contigo.

No pienses que debido a que has tenido un gran obstáculo en tu vida, nunca volverás a ser igual. De hecho, creo que puedes ser aun mejor (gracias a esa mala experiencia). Los obstáculos te hacen más fuerte y más sabio, si permites que se utilicen como una lección en tu vida. No olvides que nada puede tomar lo que Dios tiene reservado para ti, y todo lo que el diablo hizo para dañarte, el Señor lo usará para tu bien.

Yo no culpaba a Dios por el abuso, en el fondo sabía que no era culpa de Él, pero sí tenía preguntas, muchas preguntas y aunque algunas de ellas se han aclarado, aun no han sido respondidas todas, pero confío en que todo se revelará a su debido tiempo. Toda mi vida me pregunté a mí misma: *"¿Dónde estaba Dios cuando estaba siendo abusada?"* Literalmente ¿Dónde estaba? Uno de mis momentos más oscuros fue cuando estaba en el baño, tenía 8 años y fui agredida sexualmente por un adulto. Cuando estaba en ese baño, estaba llena de temor. Pensé que Trino me estaba apuñalando con un cuchillo, o al menos así es como se sintió ese dolor. Pensé que iba a morir desangrando y aunque no vi sangre, mi mente de ocho años supuso que la sangre me iba a salir porque me estaba apuñalando con algo entre mis piernas. Trino se enojó porque yo estaba gritando y pidiéndole que parara. Amenazó con matar a mi hermana si se lo decía a alguien, me empujó y me dejó herida y sola en el baño. Estaba allí media desnuda, adolorida, avergonzada y abandonada. Aunque lo odiaba y tenía miedo de él, todavía no quería estar a solas con mi lesión. Estaba sola en el baño sintiéndome muerta de miedo de que en unos minutos comenzara a sangrar. ¿Qué iba a hacer? ¿Quién me iba a salvar? ¿Quién me iba a proteger? ¿Cómo iba a empezar a ponerme la ropa cuando el dolor era tan grande que ni siquiera podía moverme? ¿Dónde estaba Dios? ¡¿Dónde estuvo?!! ¿Dónde estaban todos los que se suponía que me protegerían? ¿Dónde estaban las personas que se suponía que me amarían cada segundo del día? ¿No le dijo papá a mis hermanos que nadie debía tocarme porque yo era una princesa? Esas eran todas las preguntas que pasaban por mi mente.

Nunca recordé cómo salí del baño y no sé cómo finalmente me puse la ropa. No sé si sangré. Mi mente bloqueó todo eso. Cuando Trino fue enjuiciado y yo estaba sentada en el estrado acusándolo de agresión sexual, no podía recordar los detalles del asalto. Estaba tan traumatizada por lo que hizo que no podía recordar si sangré o de qué color eran mis pantalones cortos. El fiscal fue tan duro conmigo. Solo recuerdo haberme hecho esas preguntas en el baño. ¿Donde está Dios? ¿Quién es mi protector y mi defensor? Recuerdo que me sentí abandonada. Ese sentimiento se quedó conmigo por muchos años después del abuso. Pensaba que porque Trino me lastimó y me abandonó, yo era una persona sucia y dañada. Era una nueva etiqueta que me puse a mí misma; Abandonada. Supuse a partir de ese momento todos me abandonarían después de usarme. Más tarde, mientras estaba en proceso de sanidad, pude ver que debido a que Trino me dejó sintiéndome abandonada en el baño, no quería volver a sentirme sola nunca más. Del mismo modo que quería que el abusador estuviera allí para no tener que enfrentar mi dolor a solas, me mantendría en relaciones abusivas para no tener que enfrentar mi dolor actual. En mi mente herida, era mejor estar con el abusador que estar sola con mi vergüenza. Lo odiaba pero por lo menos teníamos algo en común; La vergüenza. Pensaba que era mejor compartir el mismo lodo que estar a solas en mi dolor. Este ciclo ahora se rompió en mi vida porque una vez que Dios me lo reveló, tome decisiones más sabias para poder elegir mis relaciones. Lo sé ahora, que es mejor estar soltera, que ser derribada por una pareja abusiva. Es mejor estar sola que ser abusada. Antes de esta revelación y durante mis años como víctima, no estaba enojada con Dios, estaba enojada con Trino y con el mundo entero, pero aún quería saber lo que Dios estaba haciendo mientras estaba siendo asaltada sexualmente.

Historia De La Biblia Isaías 54:17
"Ningún arma forjada contra ti prosperará, Y condenarás toda lengua que se alce contra ti en juicio. Esta es la herencia de los siervos del SEÑOR, Y su justificación procede de mí, declara el SEÑOR".

Durante 18 años, me pregunté dónde estaba Dios. No estaba enojada ni apuntando con el dedo hacia el cielo. Simplemente le pregunté:*"¿dónde estabas?"* y si ¿Se dio cuenta cuándo eso me sucedió? ¿Le importaba? Finalmente, decidí ir a la terapia para obtener respuestas a mis preguntas. A los 25 años de edad, fui a un lugar llamado *"Crossroads"* en Colorado. Mi terapeuta, Trudy, también creía en Cristo. Ella completó los estudios requeridos para obtener su licenciatura profesional, lo que me hizo que fuera fácil respetarla, pero su espiritualidad fue lo que me hizo confiar en ella, aun mas. Ella también estudió la Biblia y yo sabía que ella podría ayudarme. Le conté mi historia y le hice la misma pregunta. Ella me dijo que no sabía dónde estaba Dios, pero que podíamos averiguarlo por medio de la oración. Algunos me llamarán loca, pero es la verdad absoluta.

En su oficina en Colorado nos arrodillamos y le suplicamos a Dios que nos mostrara dónde había estado. Yo lloro al recordar la historia porque todavía me impacta hasta el día de hoy. En mi memoria estaba dentro del baño de nuevo, pero esta vez no era un niña, era una adulta de 25 años, la casa remolque era muy pequeña en comparación con lo grande que se veía cuando tenía 8 años de edad. Trino, mucho más pequeño y más débil de lo que pensaba, estaba sentado en el inodoro y me tenía sentada en su regazo. Pude verme a mí misma. Llevaba pantalones cortos y una camiseta sin mangas. Veo detalles que no había recordado antes. Trino se forzó a sí mismo dentro de mí, sus manos estaban en mis caderas, y él estaba empujando mi cuerpo hacia abajo y comencé a gritar. Le dije que no. Se molestó y puso su mano sobre mi boca y amenazó con matar a Jenni si alguna vez decía algo. Más tarde me di cuenta de que fue precisamente ese el momento en que me robó la voz y me quitó mi poder. Estaba tan enojado que yo estaba llorando y gritando, que finalmente me empujó y murmuraba grocerias mientras salía por la puerta. En mi memoria veo a la pequeña Rosie y ella mira entre sus piernas para ver si está sangrando. De repente, me invade el amor por ella y la compasión reemplaza el odio que sentí por ella la mayor parte de mi vida. Quiero abrazarla. Entonces veo a Jesús. Levanta a la pequeña Rosie y la abraza como un bebé. Me veo envolver mis brazos alrededor de su cuello y llorar. El manto que llevaba puesto era de un color granate. Él lo envuelve a mi alrededor. Él me abraza fuerte hasta que dejo de llorar y me susurra:*"Voy a darte justicia"*. Repitió eso una y otra vez. *"Voy a darte justicia."* Mientras me mantiene cubierta, salimos del baño juntos. Cristo estaba allí. Él no aprobó el comportamiento de Trino ni lo aceptó. ¡Él lo odiaba! Tenía lágrimas corriendo por su rostro cuando Trino estaba tratando de violarme. Su manto me dio la cobertura que necesitaba. Ya no estaba desnuda y ya no estaba abrumada por la vergüenza. Ya no estaba sola. Él me hizo saber en ese momento que él era mi Defensor. ¿Donde estaba Dios?

Él estaba en el mismo lugar, horrorizado como tú y yo. Él estaba formando un plan. Un plan para mi redención. Un plan para mi sanidad y justicia. Él estaba listo para cubrir mi desnudez y mi vergüenza. Él dijo que me daría la justicia. No prometió cambiar el inicio de mi historia, pero juntos escribiríamos el final de la misma. Decidí creerle.

Trudy y yo dejamos de orar, las lágrimas corrían por mi cara y le pregunté si esto podría ser real. Ella dijo que las visiones eran muy reales. Cuando dos o más se unen en su nombre, Cristo está allí. Ese es otro versículo de la Biblia que puede parecer difícil de creer, pero que es verdad. Ahora, cuando pienso en ese baño y pienso en la pequeña Rosie inocente de 8 años, ya no está abandonada, desnuda, ni sola. Cristo estaba formando un plan para mi redención. El problema no era si él estaba allí o no, sino mas bien si podía verlo y recibir su cubertura. Pude ver y aceptar su protección cuando reconocí el mal que me hicieron, dejé el control de la situación y me arrepentí de mi pecado al querer tomar venganza con mis propias manos. El velo de la vergüenza desapareció de mis ojos y la sensación de abandono desapareció en ese momento. Cristo no eliminó mi memoria, pero si cambió mi percepción de la situación y me curó a través de esta visión.

Dios Te Va A Redimir

Durante 18 años pensé que Él lo había olvidado y no le importaba. Sin embargo, me di cuenta que el hecho de que emocionalmente yo sienta algo, no necesariamente es la realidad. La verdad es que Dios siempre está formando un plan de redención para ti y creo que su presencia en el baño impidió que Trino me hiciera mayor daño. Vivimos en un mundo caído. ¿Por qué la gente sufre? ¿Por qué le pasan cosas malas a personas inocentes? Porque vivimos en un mundo caído. Todo comenzó en el capítulo 3 de Génesis. Es una historia bíblica que todos conocemos. Sabes que Adán y Eva comieron el fruto prohibido y causaron que el pecado viniera al mundo. Sé que no es justo, pero la vida no es justa. Puede que no te des cuenta, pero "justo", no es lo que necesitas. Necesitas justicia. Tenemos la bendición de tener un Dios que ama la justicia. ¿Entonces, mientras Adán y Eva estaban desobedeciendo a Dios y afectando para siempre a la raza humana, donde estaba Dios? Él estaba formando un plan de redención. Trató de comunicarse con ellos, pero ellos simplemente no estaban escuchando. Dios vino a buscar a Adán y Eva después de que pecaron. Dios sabía cómo arreglarlo. Quizás ellos no se lo merecían, pero Dios es tan bueno que vino y los encontró. Los confrontó y como los amaba, los disciplinó. El pecado trae consecuencias; Esto incluye tu pecado y el pecado del abusador pero trae consigo redención. La Biblia dice que después de que Adán y Eva comieron la fruta prohibida, se dieron cuenta de que estaban desnudos y quedaron avergonzados. Usaron hojas de higuera para cubrirse y se escondieron de Dios con miedo pensando que los castigaría o que no iba a querer hablar con ellos. En cambio Dios mató a un animal para darles su piel de cuero para que se cubrieran y fue a buscarlos. Él les dio ropa de calidad; Les dio ropa que no merecían, ropa que no podían ganar y la ropa que precisamente necesitaban porque habían cometido un error. Fueron engañados por la serpiente y aun así Dios continuo amandolos. Dios también vio su necesidad. Dios los vistió tal como Jesús me vistió con su manto para cubrir mi vergüenza. Esto es de la misma manera que Dios te cubrirá para cubrir tu vergüenza cuando reconozcas tu necesidad de un Salvador llamado Jesucristo.

Dios Te Traerá Justicia

Si necesitas justicia, Dios te dará justicia. Él ya tiene un plan para salvarte. Tenía un plan desde el momento en que alguien pecó en contra de ti, para redimirte. Entonces, ¿Dónde estaba Dios? Él estaba ahí. La Biblia dice que Dios está en todas partes y no existe ningún lugar en donde podamos escondernos de su presencia. Él estaba trabajando a tu favor. Tal vez no puedas verlo y si quieres tener una visión como la que tuve yo, hay que orar por ella. Ve a tu grupo de apoyo, a tu terapeuta y a tu pastor y ora con ellos. Nada es desquiciado o fuera de este mundo. Lo sobrenatural es real. Lo sobrenatural me hizo saber que no estoy abandonada y que ya no tengo que avergonzarme. Lo sobrenatural me hizo saber que Dios estaba formando un plan para mí.

Dios me dio justicia. Finalmente rastreamos a Trino y con mi testimonio y el de Chiquis, fue declarado culpable. Dios nunca te ha abandonado, ni tiene la culpa del pecado que te sucedió, ni acepta el pecado que otros cometen en contra tuya, pero es tan bueno que lo utilizara para tu bien. El abuso sexual se puede utilizar para tu bien porque puede ablandar tu corazón y hacerlo más sensible. Un corazón tierno vale mucho más que una cara bonita o una vida perfecta. Un corazón tierno te salvará cuando menos lo esperes. Un corazón tierno te dará una vida llena de paz al ser sensible ante Dios mientras que un corazón duro te mantendrá alejada de El. La Biblia dice que llueve sobre los justos e injustos por igual. Eso significa que no importa si eres bueno o malo, todos atravesaremos la aflicción. Has intentado toda tu vida evitar el dolor, pero el dolor es parte de la vida. Sin dolor no conoceríamos el poder sanador de Dios ni aprenderíamos a disfrutar de la felicidad. El dolor puede construirte o quebrantarte; Pero, es tu opción. Te desafío a que dejes de evitar el dolor y comiences a caminar con un propósito hacia la plenitud. En tu camino encontrarás dolor, pero no dejes que te detenga y no permitas que cambie tu perspectiva de Dios.

Dios No Es El Culpable

Tal vez por un largo tiempo culpaste a Dios por ese abuso, pero no fue su decisión. Tal vez te preguntaste si merecías el dolor. ¿Acaso alguien se lo merece? ¿Te mereces el abuso sexual, o las golpizas nocturnas de tu marido ebrio? Nadie se merece eso; Ni las personas que se portan bien ni las que se portan mal.

Dios tiene muchas promesas para ti, pero aquí hay dos cosas con respecto al dolor. La primera es que el dolor que sientes ahora, es solo segundos comparado con el gozo que sentirás en la eternidad. Todos sentimos dolor, pero debes saber que terminará y es momentáneo. Eso también pasará. Esa promesa se encuentra en Romanos 8:18. Otra promesa es que Jesús dijo que en este mundo tendrás aflicción, pero debes confiar en Él porque Él ha vencido al mundo. El estará contigo hasta el final. En el cielo no habrá más lágrimas, injusticias, pecado ni dolor. Aférrate fuerte a El y no te des por vencida. No culpes a Cristo, sino más bien, miralo como tu abogado que peleará tus batallas por ti y te llevará a la justicia. Dios conoce cada uno de los detalles del crimen que fue hecho en tu contra y Él abogará a tu favor. A Dios no se le olvidó y no te ha ignorado. Él está elaborando un plan para salvarte ¡Ten fe!

Historia De La Biblia Génesis 3:7, 21 e Isaías 54:14 *"Y los ojos de ambos se abrieron, y se dieron cuenta que **estaban desnudos**; y cosieron hojas de higuera juntas, y se hicieron delantales. .... El Señor Dios hizo vestiduras de piel para Adán y su mujer, y **los vistió**". "Con **justicia** serás **adornada.**"*

Con esta historia en la Biblia, Dios confirmó mi visión del asalto en el baño (tus visiones deben ser confirmadas con versículos bíblicos) y me liberaron de la desnudez y de la vulnerabilidad provocada por el abuso. Sientes vergüenza como si estuvieras desnuda y todo el mundo te pudiera ver. Adán y Eva trataron de usar hojas de higuera para cubrir su vergüenza. ¿Que hojas estas utilizando en tu vida para cubrir tu vergüenza? La vergüenza en tu vida puede ser auto-infligida por tu pecado o por el pecado de otros, de cualquier manera, puedes estar usando las hojas para tratar de encubrir lo que sólo la sangre de Cristo puede encubrir. Esas hojas no funcionarán; Adán y Eva todavía tenían que ocultarse porque las hojas no eran suficientes. Lo que estés tratando de ocultar a los demás, a Dios, o a ti misma, no va a funcionar y sólo te dejara frustrada. El animal que fue sacrificado por Dios para cubrir el pecado de Adán y Eva, es el primer prototipo de Cristo en la Biblia. No más sacrificios de animales son necesarios para encubrir el pecado; Cristo se entregó en la cruz para cubrir tu vergüenza. ¿La elección es tuya, hojas de parra o la vestimenta de Dios? ¿Negocios, sonrisas falsas, las buenas acciones o la sangre de Cristo? Que permanezca en ti la seguridad de que la sangre de Cristo cubre multitud de pecados.

Dios dice en la Biblia que estaremos establecidos en justicia. La única cosa que pensamos que nunca recuperaremos, es lo que vamos a recibir. Incluso si sientes que tu abusador nunca será llevado a la justicia, ten fe. Va a pasar de un modo u otro, aunque podría ser a través del sistema judicial o no, siempre sera través de la justicia divina. Otra de las razones por la que este verso de la Biblia me sanó, es porque cuando uno se queda desnudo, sin ropa, ni siquiera se puede pensar en la joyería. A medida que pasan los años y el mundo te dice que los diamantes son los mejores amigos de una mujer y miras que bellos los rubíes y las perlas son y quizá anhelas tenerlos porque piensas que te harán sentir mejor, en realidad, no es así. Se trata de los diamantes en nuestra divina diadema que Dios nos ha dado, que nos traen verdadero gozo. Aunque aprecio la belleza de los rubíes, de los diamantes y de las perlas, casi no los uso, no porque crea que son cosas malas, sino porque uso mi corona divina y para mí, eso es suficiente para reconocer mi valor. Esa corona divina, es un símbolo que me recuerda que Dios nunca me va a olvidar. Dios me dio la justicia al disciplinar a Trino y al darme paz de nuevo. El enemigo de mi alma utilizó a Trino para tratar de quebrantarme indefinidamente, pero Dios ha podido remendar nuevamente mis pedazos rotos.

Oración

Yo no puedo hacerte justicia, pero puedo presentarte a Cristo quien fue quién me la dio a mi. Por eso me gustaría invitarte hoy para hacer la oración de salvación. Si nunca has recibido a Cristo en tu corazón, puedes hacerlo ahora mismo. En tu habitación, en tu oficina o donde quiera que estés, Cristo puede estar allí contigo. Si lees esta oración en voz alta y con todo tu corazón, la Biblia dice que serás salva y tendrás vida eterna con Cristo. No quiero que te sientas forzada y si no estás lista ahora, vuelve a ella más tarde. Nunca se sabe lo que depara el mañana y hoy podría ser el momento perfecto para que puedas recibir a Cristo en tu corazón.

La Oración De La Salvación

Padre, reconozco que soy un pecador y necesito un Salvador. Declaro con mi boca y creo en mi corazón que Jesús es el Señor quién murió en la cruz por mis pecados y resucitó al tercer día. Jesucristo por favor entra en mi corazón, Espíritu Santo, lléname y ven a mi vida para ayudarme a vivir una vida que honre al Padre. En el nombre de Jesús, Amén.

2

Entendiendo Lo Que Paso

La falta de claridad podría poner los frenos a cualquier viaje hacia el éxito .
- *Steve Maraboli*

Cuando somos niños es difícil comprender plenamente la profundidad de algunas de las situaciones en que fuimos puestos de forma involuntaria. Fue reportado que el 20% de los niños que son abusados sexualmente, son menores de 8 años de edad. A esa edad creemos que todo el mundo pasa por las mismas cosas que nos pasan a nosotros. Es difícil determinar si algo es bueno, malo o normal hasta que nuestra mente se desarrolla o alguien nos educa. Por lo general el abuso se presenta antes de que el crecimiento mental se haya completado y puede interrumpir y afectar el proceso de crecimiento mental y emocional, mientras que el crecimiento sexual se acelera a una velocidad anormal. Mientras maduramos en la adolescencia, empezamos a comparar nuestras vidas con la vida de nuestros amigos, primos, protagonistas de programas de televisión o con actores de cine. Es entonces cuando descubrimos que lo que creíamos que era normal en nuestras vidas, no ha sido lo normal para todos los demás. Muchas veces eso trae ira, vergüenza y culpa. Esa es una razón por la que muchos no hablan. Se sienten solos y sin el apoyo de aquellos quienes no han experimentado nuestras luchas. Temen que otros los miren diferente y no quieren ser condenados al aislamiento por algo de lo que no tenían control. Si esto te ha ocurrido a ti o si sabes de un niño que está siendo abusado sexualmente, llama a 1-800-4-A-Child y habla a la línea directa de Abuso Infantil Nacional para obtener ayuda. A veces hablar con un desconocido por teléfono es mucho más fácil que hablar cara a cara con un ser querido.
Muchas veces las víctimas de abuso sexual bloquean los recuerdos con el fin de hacer frente y sobrevivir, pero de vez en

cuando, los recuerdos dolorosos regresam. Si tuviéramos la capacidad de recordar cada detalle,muchos de nosotros no seriamos capaz de soportarlo. Cuando nosotros decidimos enfrentar nuestros problemas y tener claridad sobre lo que ocurrió, es un proceso muy difícil. Para mí, la claridad trajo caos internos. Yo sostuve la ira hacia mi abusador, hacia mí y hacia en contra del mundo entero. Todos a mi alrededor podían notar la diferencia en mi comportamiento, hasta empecé a alejar a todos de mi vida. Yo era demasiada joven para saber cómo enfrentar esas emociones de una manera positiva y solo hice lo que podía hacer en esos momentos. Me sentía inútil, rota y perdida. No sabía cómo comunicar mis sentimientos a los demás y era más fácil alejarlos de mi vida para no tener que explicarles mis acciones o arriesgarme a ser afectada por ellos.

La claridad puede venir en segmentos. Uno de los días que me dio claridad fue el día en que empecé a decirle a Trino que no. Yo tenía 9 años de edad y estaba en clase de educación sexual. El profesor nos estaba mostrando imágenes del cuerpo masculino y femenino, cuando vi la imagen del miembro masculino, quede muy sorprendida de que no estaba erecto. Esa era la única forma en que lo había visto, así que naturalmente, estaba confundida.

La Claridad Trae Dolor

Nunca había hablado de sexo con mi familia y creo que fue un error. No era sólo mi familia. Creo que la mayoría de las familias en la década de los 80, no hablaban con sus hijos sobre el sexo y no había personas influyentes que hablaran sobre ese tema, en la televisión o la radio. El Internet no existía, pero no estoy segura si me habría ayudado o hecho más daño, ya que no creo que presenten la educación sexual correctamente.

Cuando mi profesor nos mostró la imagen, miré alrededor y los niños de mi clase se reían y se ponían tímidos. Me pareció que eran tan ridículos. Recuerdo que pensé: *"¿Qué les pasa?"* Yo siempre había sido una buena estudiante y muy enfocada, así que cuando los demás niños se rieron, me molesté bastante. Seguía pensando:"*¿Acaso no ven eso todos los días? ¿Qué eso no era normal para ellos?* "Entonces fue cuando me di cuenta que la equivocada era yo, que mi percepsión de lo "normal" no era la correcta. El darme cuenta de que yo era diferente a todos los demás fue muy desalentador. Fue físicamente abrumador ese momento para mi y me vomité en la clase. Estaba tan avergonzada. Más tarde, tuve la oportunidad de analizar lo sucedido y era mi ira la que hizo que me enfermara. Fue entonces cuando el enojo se convirtió en parte de mi carácter. Nunca fui una niña mal humorienta o enojada, hasta ese entonces. Se puede advertir que en todas mis fotos, yo me veía muy feliz y sonriente, pero después de ese día, empecé a cambiar. Sonreía menos y era mucho más tímida. No entendía por qué yo era tan diferente. Intenté todo lo que podía para llegar a ser normal a partir de entonces pero siempre fallaba.

Estaba enojada con todo el universo. Por extraño que parezca, nunca me enojé con Dios. Yo detestaba a Trino y me odiaba a mí misma. Estaba muy confundida y debido a que estaba atravesando por todo eso yo sola, era extremadamente doloroso para mi. La ira extrema puede ser peligrosa cuando nos induce a pecar y habitamos dentro de ese pecado. La ira desplazada siempre es destructiva. Tampoco el que yo sufriera a solas era parte del plan de Dios.

RetomandoTu Fuerza

Después de ese día, le dije no a Trino, por primera vez. Antes de eso me paralizaba, No sabía cómo se llamaba, pero sabía que no era normal por la forma en que me hacia sentir y por la confirmación de la clase de educación sexual. Cuando le dije que no, fue cuando me amenazó y una vez mas fue suficiente para que el miedo se adueñara nuevamente de mi vida. Amenazó con matar a mi hermana y fue entonces cuando me quito la voz y con ella, mi poder. En ese momento, pensé que yo era la única niña en todo el mundo pasando por el abuso sexual o que todos pasaban por esto pero no hablaban de ello.

Para hacer frente a mis sentimientos, me ponía a ver la televisión tan pronto como llegaba a casa de la escuela para bloquear mis emociones y pensamientos. Cuando no estaba viendo la televisión, me gustaba perderme leyendo libros. Yo hice todo lo posible para no pensar en en el abuso y no permanecer en mi dolor ni en mi confusión. Todas las historias de los demás tenían sentido, excepto la mía. Recuerdo celebridades que veía en la televisión y deseaba que alguien hablara sobre lo que estaba pasando conmigo. Me sentía tan sola. Varios años más tarde, esa es la razón por la que decidí gritar a los cuatro vientos y compartir mi historia en todas las plataformas posibles. Porque quiero que sepas que no estás sola (o). Sucede más veces de lo que podríamos imaginar y no es, sino hasta que hablamos, que nuestros abusadores serán detenidos. El hablar pone la culpa sobre el verdadero verdugo y se la quita a los que han sido o están siendo abusados. Los secretos pueden hacer que te enfermes. Al igual que necesitaba un portavoz, los niños que actualmente están pasando por esto, también necesitan un portavoz. Decidí ser una voz y ya no ser una víctima. Decidí hablar, no porque crea que ahora ya lo sé todo, sino mas bien, porque quiero que sepas que no estás sola. Decidí usar la fama que nunca busque ni anhelé, como una plataforma para poder hablar acerca de este tema, a pesar de lo que otros piensen de mi. Decidí yo convertirme en el cambio que quiero ver en otros. Al igual que muchos sobrevivientes de abuso, he luchado con mi propia imagen, con mi identidad y con mi vergüenza, aborrecía las cámaras y entrevistas desde una edad temprana, pero si esa es la única manera de que una niña dañada me vea y sane, entonces estoy dispuesta exponerme ante las camaras. La realidad es que 1 de cada 4 niñas son abusadas sexualmente y si yo pude superarlo, tú también puedes.

Me tomó 18 años de haber estado completamente perdida y otros 6 años de análisis, asesoramiento, oración e investigación de la Biblia para ser sanada. Yo no quiero que te tome tanto tiempo a ti, así que estoy aquí para ayudarte.

Cuando El Abuso Continúa

Las agresiones sexuales continuaron a pasar a lo largo de mi vida. Cuando tenía 15 años de edad, fui a una fiesta de una quinceañera, en donde un "supuesto" amigo me amenazo con una pistola y violentamente me violo sin importarle mis súplicas de que no lo hiciera. Yo estaba tan enojada porque pensé que el abuso nunca tendría fin. Era como una maldición que me seguía. Varios meses más tarde, yo estaba aprendiendo a conducir en una clase de manejo y el maestro simulaba que el coche no arrancaba en una zona industrial que estaba escondida. Entonces, comenzó a tratar de meter su mano entre mis piernas. Salí del coche y salí corrí. Agradezco que en esos momentos no me paralicé. Corrí todo el camino a casa. Así es como se sentía mi vida, como si estuviera siempre huyendo de los violadores sexuales. Tenía la esperanza de que estos hombres nunca me alcanzarían. Así es probablemente la misma forma en que muchas de ustedes se sienten actualmente. Espero que mi historia pueda darte respuestas a las preguntas que te has estado haciendo, pero recuerda que a pesar de que mi historia es similar a la tuya, habrá preguntas que sólo Dios puede contestarte.

Tal vez no fuiste amenazada de muerte pero estabas siendo golpeada mientras que estabas siendo violada. Los detalles de cada caso son diferentes, pero por lo menos podemos tratar de responder algunas preguntas para que puedas obtener alguna perspectiva y podamos guiarte a encontrar las respuestas a tu historia individual.

¿Por Qué Me Ha Ocurrido Esto?

Algo que he aprendido en mi vida es que en algún momento dejé de preguntar el "¿Por qué?". A veces, como en la historia de Job, no vamos a obtener una respuesta al por qué estas viviendo esa angustia y otras veces, el por qué se vuelve a repetir. En lugar de preguntar ¿Por qué? Es mejor preguntar ¿Quién? ¿Quién es el verdadero culpable? ¿Quién es el Sanador? Se verá que el abusador es el verdadero culpable, no tu o tu madre si ella salía con un pederasta, sin saberlo. Verás que Dios es el Sanador y no tu novio, ni las drogas ni cualquier otra cosa de lo que tú quizá este dependiendo en estos momentos. Confía en la promesa de Dios de que todas las cosas salen a la luz y tus respuestas llegaran en el momento adecuado.

Yo no sé todas las respuestas de lo que pasó en mi vida, pero sí sé que vivimos en un mundo caído y la consecuencia del pecado nos afecta a todos. El pecado le pasa a cualquiera, todos hemos pecado. No hay ninguna excepción. Todos pasamos por momentos muy felices y todos pasamos por el dolor en diferentes maneras. Todos estamos luchando contra algo diferente, desde un cáncer, a la pobreza o algunas otras cosas más. Jesús nunca prometió que tendríamos una vida fácil ni sin dolor, es más, nos dijo que en este mundo tendríamos tribulaciones, pero que confiaremos en que Él, quien venció al mundo y El estará con nosotros, siempre. Eso es algo a lo que yo me aferro siempre. finalmente, dejé de preguntar por qué y comencé a preguntar ¿Para qué? Por ejemplo, ahora que me ha pasado esta situación, ¿Qué hago con ella? ¿Qué se supone que debo hacer con esta prueba y esta tribulación? La vida no es justa. Yo sé que quieres que sea justa y le has reclamado a Dios para que la haga justa, pero culpar a Dios no te ayudará a sanar. La vida no es justa, pero no nos conviene que lo sea, porque si todo fuera justo, todos estaríamos en el infierno por pecar en contra de Dios.

Cuando por fin me llegó la claridad y entendí que estaba siendo abusada, sentí un dolor tremendo. No sabía cómo manejar eso por mi cuenta. Quería acelerar el proceso para que pudiera sentirme feliz de nuevo, pero nada funcionaba.

Uno de los mayores errores es creer que sólo porque nos encontramos con la claridad, suponemos que el dolor va a desaparecer. En realidad, lo contrario sucede. La ignorancia a veces da felicidad y la verdad suele ser mas dolorosa, pero la verdad nos hará libres. No podemos acortar el proceso de sanidad. Está demostrado científicamente que la oruga tiene el ADN de una mariposa mientras aún está arrastrándose por el suelo. Si la oruga es interrumpida mientras que está en el capullo y el proceso no se ha completado, la oruga no va a recibir los atributos de una mariposa. No va a volar. Como la oruga, debemos sentir todas las emociones que hemos estado tratando de adormecer con las drogas, el alcohol, el sexo o las malas relaciones con el fin de anestesiarnos. Las emociones no son malas. Dios nos dio emociones para ser señales de que tenemos que arreglar algo dentro de nosotros. Al igual que una llanta baja en aire te informa de que es hora de cambiarla antes de que tengas un accidente, sabes que cuando sientes rabia, es el momento de arreglar algo en tu interior para que ya no cause más daño en tu vida. La ira es una señal para comenzar tu transformación espiritual y mental. Una señal externa te informa que algo interno necesita atención. No ignores, ni odies el dolor, sino más bien usalo como una herramienta. Utilizalo como una forma de comenzar a centrarte en qué área de tu vida necesitas trabajar.

Hablando Por Primera Vez

Cuando por fin le dije a mi hermana sobre el abuso sexual, tenia16 años de edad. Ya había pasado 9 años de enojo. Mi familia amorosa no lo entendía. No los culpo porque no sabían lo que estaba pasando conmigo. Cuando finalmente les conté todo, pudieron entender el porque de mi carácter y de mi mala actitud. Fue entonces que ellos también sintieron ira. Fueron víctimas indirectamente. Ellos no tenían respuestas para mí y nosotros a veces esperamos que la gente pueda arreglarnos sólo porque nos abrimos ante ellos, pero no lo pueden hacer. Sin embargo, me buscaron ayuda profesional. Recibí ayuda de una trabajadora social después de haber hecho el reporte a la policía. Te animo a buscar la sanidad de Dios a través de asesoramiento y la consejería. Era vital para mi, la recuperación. Sé que no quieres y sé que te da miedo porque tendrás que enfrentarte a tus emociones de nuevo, pero por favor hazlo. Eso te ayudará bastante.

Cuando empecé a ver a la trabajadora social,ella se dio cuenta de que estaba llena de ira. Rugía por dentro. Ella dijo algo que cambió mi vida para siempre, a partir de ese momento, con una simple frase; *"Tu ira es válida. Yo estaría enojada también."* La gente no entendía mi rabia antes de hablar y me hacían sentir mal por ello. Ahora no los culpo por querer que yo fuera alguien quien yo no podía ser. Estaba a la defensiva. Usaba la ira para protegerme y como un escudo para distanciar a los demás. Ahora me doy cuenta de que lo que hice con mi ira no fue lo correcto. Atacar y perjudicar a aquellos que estaban más cercanos a mí, no es aceptable. El coraje es una emoción normal. Debe de haber coraje cuando el pecado duele, pero no dejes que te controle y sea una excusa para que tu dañes a los que están a tu alrededor. No peques en tu ira. A través de la terapia, aprendí a liberar mi ira de una manera saludable. La solté a través de llorar, orar y a través de leer la Palabra de Dios, de hacer ejercicio, "kickboxing", y de la poesía, eso cambió mi vida. La ira en sí es válida. La ira que sientes es normal. Si no sientes la ira, entonces tendríamos que preocuparnos, pero recuerda que no debes permitir que tu ira lastime a los demás.

Antes Del Internet

En los años 80, la televisión era diferente y no había Internet ni redes sociales. Era tabú hablar de sexo. Nadie menor de aproximadamente 12 años de edad, tenía alguna idea de lo que era el sexo o tenían un concepto distorsionado de sexo. El hablar de sexo, probablemente, se realizaba una vez, en todo caso. Nos enseñaron que si duele, entonces es malo. Si es violento, entonces es un crimen. Eso es lo que confunde a los niños. Cuando fui abusada sexualmente las primeras veces no me dolía porque él no me estaba penetrando. Ahora me doy cuenta de que es abuso sexual, incluso cuando no duele. Muchas personas piensan que si no hay violencia o si no te están gritando en el momento en que te obliga a hacer algo fuera de tu voluntad, que no es violación o agresión, pero eso es falso. Eso también es abuso sexual, porque un niño no tiene la madurez mental para entender completamente lo que está pasando y no puede otorgar o negar su consentimiento. Si estabas demasiado ebria para dar tu consentimiento o si estabas inconsciente, eso es aun es considerado como violación. Todo en contra de tu voluntad es un asalto y es necesario buscar ayuda. Este mundo nos enseña que a veces el obtener ayuda significa que somos débiles, pero es todo lo contrario, mas bien, demuestra que eres sabia al conocer y aceptar tus limitaciones. El abuso sexual es una carga demasiada pesada para llevarla sola por cuenta propia. De hecho, Dios no quiere que tu lleves esta carga sola. Se prudente y pide ayuda. Extiende tu mano y alguien te la va tomar. Habla con una maestra, un consejero, un pastor o una línea telefónica. Habrá alguien que te guiará a través de esta jornada, no tienes porque sumergirte en la soledad.

Historia De La Biblia 2 Samuel 4:4

"Jonatán, el hijo de Saúl tenía un hijo lisiado de los pies. Tenía cinco años cuando la noticia de la muerte de Saúl y Jonatán vino de Jezreel; y su nodriza lo tomó y huyó con él. Y sucedió que, mientras ella se apresuró a huir, él cayó y quedó cojo. Su nombre era Mefiboset"

La historia de Mefiboset ha impactado mi vida. Parece como un verso tomado al azar en la Biblia que trata sobre todo de las guerras y las transiciones de los reinados.

En ese tiempo el gobierno estaba atravesando un cambio; El reinado del rey Saúl estaba siendo removido por Dios y precedido por el rey David. A pesar de que esa historia bíblica se enfoca principalmente en la política y en la guerra, es repentinamente interrumpida por un versículo que habla acerca de un niño de 5 años de edad. Es intrigante el saber porque Dios pensó que fue lo suficientemente importante como para ser incluido dentro de estos capítulos que hablan sobre la guerra. Todo lo que dice este versículo es que a 5 años de edad, un niño llamado Mefiboset, un día supo que su abuelo el rey Saúl y su padre, el príncipe Jonatán, murieron en la guerra. Su niñera estaba tratando de salvarlo de ser asesinado. Ella lo recogió y se escapó con él, pero se cayó y quedó cojo. No podía caminar más y eso es todo. No hay mas detalles ni otra explicación acerca de su situación. Y cuando esto sucedió en la Biblia, le pregunto a Dios ¿Por qué decidió poner esta trágica historia dentro de la Biblia? Cada historia incluida en ese libro santo tiene una razón y una lección. Mefiboset era el nieto de un rey y eso significa que a los 5 años de edad, ya era un príncipe. Tenía su propia niñera personal y vivía en el palacio. Se podría comparar con el príncipe George de Wales. Es sabido alrededor del mundo que el Príncipe George es amado por todos y así era Mefiboset. En un día,esa promesa de ser rey había desaparecido. El reino cambió, y el nuevo rey típicamente mataba a todos los miembros familiares del rey anterior para que no pudiera verse amenazado por el trono. Es por eso que la niñera pensó que la vida de Mefiboset esta en peligro y por eso trató de ayudarlo. A veces, las buenas intenciones sin el consejo de Dios pueden ser perjudiciales. No sólo perdió a su abuelo, a su padre y la oportunidad de tener un día el trono, pero ahora ademas quedaba cojo. Ya no podría caminar por su cuenta ni ser un hombre "normal". Cuando leí esto, pude identificarme con él, excepto que yo tenía ocho años. Perdí todo mi futuro y potencial en un solo día. No iba a ser una niña normal. Ya no iba a ser la inocente princesa de mi padre o la novia pura. En un día horrible en el verano de 1989, toda mi vida se hizo añicos. Es por eso que esta historia se me quedó grabada. Dios muestra a través de esta historia, que El entiende como nos sentimos después de los días trágicos y por eso, Él incluyó esta historia en la Biblia. Es una historia que muestra el caos emocional que hay entre las guerras del país. Durante mi evaluacion sicologica, fui diagnosticada con "TEPT" (diagnostico dado a los soldados que han sobrevivido guerras), porque yo soy una veterana de batalla emocional y tengo los mismos traumas y efectos producidos por una guerra. Así que, el tratamiento sicológico debe ser semejante al que se les da a los veteranos de guerra. Mefiboset no hizo algo que provocara este cambio en su vida y eso es lo que Dios estaba tratando de comunicarnos a nosotros. A veces eres un espectador inocente y te suceden cosas malas aun cuando tu no hiciste algo para traer eso a tu vida. De repente, tu vida libre de estrés y paz, cambia y te encuentras en un campo de batalla y al igual que mientras algunos hombres luchan por coronas, los niños están luchando por sus vidas.

Mefiboset desapareció de la Biblia, y en los próximos 4-5 capítulos ya no leemos sobre él. Empecé a preguntarme si Dios se olvidó de él. Yo quería saber lo que pasó con su vida. Yo quería saber si alguna vez se casó o tuvo hijos y si alguna vez fue redimido por su tragedia. Todos nos hemos sentido alguna vez así. Hemos dicho:*"Una tragedia me ocurrió a mí. Fui abusada sexualmente de niña y a nadie le importa."* Se siente como si Dios se olvido de nosotros y tenemos que vivir emocionalmente paralizados. Me sentía como si estuviera simplemente arrastrándome a través de la vida y nadie podía verlo, pero podía sentirlo. Me imagino que Mefiboset llego a sentir lo mismo, ya que no solo estaba siendo despojado de un futuro brillante, pero la esperanza de una vida normal, había terminado, al mismo tiempo que estaba siendo despojado de un futuro prometedor. Parte del significado de su nombre es la vergüenza, lo cual posiblemente se hizo realidad en su vida, a partir de ese ese día. Algún tiempo después, la historia vuelve a emerger en la Biblia cuando nos cuenta que David se convirtió en un buen rey, mientras que Mefiboset por su lado se había casado, tendría poco menos de 25 años de edad y había sido adoptado por un guardián muy rico. El rey David de repente, se acordó del pacto que hizo con Jonathan, el padre de Mefiboset quien fue su mejor amigo y en vida prometieron que si algo le pasaba alguno de ellos, el sobreviviente cuidaria de los hijos del otro. El rey David también anhelaba llamar a los nietos de Saúl para bendecirlos. Jonatán tenía muchos hijos, pero el rey David desconocia sus nombres y sus paraderos, asi que le pregunto al sirviente de Saúl la informacion acerca del los descendientes del anterior rey. El sirviente sólo podía recordar Mefiboset por nombre. ¿Por qué no el nombre de los otros nietos? Porque el nombre de Mefibose era facil de recordar gracias a que era cojo. Asi que su maldición terminó convirtiéndose en bendición. Lo que antes le llevó a ser señalado y condenado al ostracismo, se convirtió en la razón por la cual Siba, el sirviente, se acordó de él y lo llamó para bendecirlo. Le dijo al rey David: *"El rey Saúl tenía un nieto cojo. Su nombre es Mefiboset."* Lo que piensas que es tu mayor obstáculo, puede ser lo que te impulse al éxito.

Llamaron a Mefiboset. ¿Cómo se presentaría Mefiboset ante el rey, David? Esa es la pregunta que determinaría cómo se desarrollaría la historia. Durante este tiempo, si alguien mostraba mala actitud o falta de respeto al rey, éste tenía la autoridad para cortarle la cabeza instantáneamente. De hecho, eso les sucedió a los otros nietos de Saúl. Se presentaron llenos de ira y desprecio delante del rey David y fueron ejecutados.

Los siete nietos del rey Saúl fueran colgados. Pero eso no le sucedió a Mefiboset. Todos los demás nietos vivían vidas normales y tal vez se sentían con derecho, tal vez se habían vuelto arrogantes e irrespetuosos. La Palabra dice que Mefibosetle mostró honor y respeto al rey. Fue humilde ante él. Había algo diferente en el corazón de Mefiboset. Después de tanto dolor algo lo había hecho una mejor persona. La Biblia dice que Mefiboset vivía con un hombre muy rico, así que tenía dinero, pero el dinero no lo llenaba porque donde vivía, "Lodebar", significa "lugar sin pasto". Un lugar sin pasto es seco e inactivo como un desierto. Así que aunque Mefiboset tenía dinero, no era feliz y todavía anhelaba algo más. Estaba casado y tenía hijos, pero todavía le faltaba algo en su vida. Yo me sentía así. Yo estaba en un lugar donde tenía el dinero y tenía todo lo que quisiera. Ya no estábamos en condiciones de pobreza. Tuvimos una casa bonita, carros, me podría comprar cualquier bolso que quisiera y podía conseguir cualquier cirugía que supuestamente me haría sentir mejor exteriormente, pero todavía necesitaba algo más. Me identifico con Mefiboset. Dios escribió esta historia en la Biblia porque Él me entiende. Mefiboset le dijo al rey David: *"¿En qué puedo servirle?"*, temblando de miedo, y el Rey David le dijo: *"No tengas miedo que no voy a hacerte daño; yo estoy aquí para bendecirte."*

Dios Nos Ama Tal Como Somos

Durante mucho tiempo, yo estaba tan asustada de presentarme delante del Rey, delante de Dios. Sentía que tenía discapacidades emocionales y mentales, enfermedades espirituales y me sentía coja en todos los sentidos. Sentía que no tenía nada que ofrecerle a Dios, entonces ¿Para que era buena delante de la presencia de Dios? Ahora veo que lo que el diablo uso para dañarme con el abuso sexual, Dios lo está usando para mi bien. ¿Qué pasaría si la vida fuera fácil, sin obstáculos y mi corazón se endureciera? Tal vez me hubiera arruinado y sería irrespetuosa como los otros nietos del rey Saúl. El dolor del abuso sexual logró un buen propósito y ablandó a mi corazón. Me hizo sensible al dolor de otras personas. Odio lo que me pasó, pero estoy agradecida de que me ha hecho quien soy, ahora. Un corazón tierno es más valioso para Dios que todas las capacidades o premios que podamos presentar.

Cuando Mefiboset vino humildemente delante del rey David, el rey le dijo: *"Voy a darte todo lo que fue tomado de ti. Toda tu tierra, todo tu dinero y todo lo que te quitaron cuando el rey Saúl murió, y te sentarás conmigo en mi mesa."* Eso es lo que me dio tanta esperanza. En esta historia, el rey David representa a Dios el Padre. Si Dios se acordó de Mefiboset, se ha de acordar de mí. He sido redimida y tu también lo serás.

La mesa del rey tenía manteles largos que cubrían las piernas de Mefiboset. Era como todos los demás. Él estaba en el mismo campo de juego y esa es la esperanza que yo sentía por mí misma. Tal vez yo todavía no entiendo el por qué, pero ahora sé para qué. Si el abuso sexual ablandó mi corazón para Dios, entonces valió la pena. Puede valer la pena para ti también. Todo depende del estado de tu corazón. ¿Te ha amargado, te ha endurecido, o te ha ablandado, el dolor? La misma agua que hierve que endurece el huevo, suaviza la papa. El efecto que tiene en tu corazón depende de ti. Todavía puedes elegir ahora. Tal vez has sido dura por los últimos 15 años. Yo fue endurecida durante 18 años, pero me cansé de ser amargada. Me cansé de tratar mal a todos lo que se me acercaban. Me cansé de estar sola porque mis paredes de la ira bloqueaban a todo el mundo. En esta historia aprendí que Dios es un rey bueno. Aprendí que si el rey David, que era un hombre normal podría ser bueno con Mefiboset, entonces Dios sería bueno hacia mí.

Dios Te Dara Lo Que Te Quitaron

Dios nos puede dar de vuelta todo lo que el diablo ha tomado de nosotros. Dios me ha dado todo de nuevo poco a poco. Dios es mi Salvador, mi sanador y mi Redentor. Incluso, me devolvió mi inocencia; la única cosa que no creía que pudiera volver a tener jamás. Cuando yo estaba en mi luna de miel con mi esposo, Abel, después de todo lo que había vivido y hecho, me sentí como una niña joven teniendo relaciones sexuales por primera vez. No estaba aterrada, traumatizada ni me sentía sucia. Me sentí pura y nueva. Nunca podré agradecerle a Dios lo suficiente por ese momento.

Si ves que pasa el tiempo y sientes que todo el mundo se olvidó de ti o que tu historia no tiene sentido y nada va a cambiar, lucha contra esas mentiras internas. El tiempo puede pasar, pero Dios no se olvida de sus promesas, ni se olvida de ti. Dios es el Dios de la justicia y Él no permitirá que el pecado o la injusticia prevalezcan. El principio de la historia no cambiara pero tu y Dios escribirán otro final. Es posible que quieras que sea más pronto y es posible que desees acortar el proceso, pero Dios nunca llega tarde. Él vendrá exactamente en el momento que lo necesites y mantendrá su promesa. Él te hizo ser una princesa o príncipe y se ha equipado con todo lo necesario para que esto ocurra. Espera pacientemente por el Señor, mientras haces tú parte. Si esperas sin quejas y obedeces a Dios, te formará el corazón y te preparará para la bendición. A veces retrasamos nuestras bendiciones porque nuestro corazón no está preparado para ello. Estamos esperando a que Dios se presente, pero Él está esperando a que crezcamos emocionalmente. Podríamos no estar listas para tener una buena relación la cual anhelamos porque aun estamos alimentando ira y alejamos a las personas fuera de nuestras vidas. Así también podríamos no estar listas para un millón de dólares debido a que lo usaríamos en lujos que nos pueden destruir o tampoco estamos listas para la promoción en nuestra profesión ya que posiblemente seríamos jefes prepotentes. Si esperamos con paciencia, Dios nos bendecirá. No trates de saltar o de acelerar el proceso. Más que cuestión de tiempo, esto trata de la condición de nuestro corazón. Aún no se puede saber el por qué, pero se puede conocer el quién; Quién eres ahora y quién es tu Salvador. Cuando tu corazón está limpio delante de Dios y Dios siente que estás lista, serás capaz de recibir las respuestas y bendiciones que Él tiene para ti.

Oración

Dios, tengo un millón de preguntas y nadie ha podido responderlas todas. Yo sé que Tu tienes las respuestas. Tu Palabra dice, busca y encontrarás. Voy a buscar y esperaré pacientemente con respeto y humildad, tus respuestas. Yo sé que tu no vas a retener ninguna buena noticia que tengas para mí. Tu nunca ocultas la verdad. Sé que todas las promesas que has hecho para mí vida, van a suceder. Ya no voy a preguntar por qué, porque sé que un día todo saldrá a la luz y va a quedar todo claro. Sólo te pediré que me muestres lo que quieres que haga con lo que me ha sucedido. Quiero vivir el propósito que Tu tienes para mí. Entiendo que ningún pecado contra mí, abuso o tragedia podrá detenerme ni impedir que yo sea lo que Tu te has propuesto que yo sea. Ahora entiendo que lo que el diablo hizo para destruirme, tu lo utilizaras para mi bien. Solo te pido que me des fuerzas para que yo pueda soportarlo. Dame la paz que sobrepasa entendimiento humano y el gozo que me va a fortalecer mientras que enfrento mis obstáculos. Gracias a ti, por fin he entendido que valgo lo suficientemente como para llevar a cabo este proceso. En el nombre de Jesús. Amén.

3

A dúeñate de tu historia

Nuestras vidas mejoran unicamente cuando tomamos riesgos, y el primero y más difícil riesgo que podemos tomar, es el de ser honestos con nosotros mismos.
-Walter Anderson

Para muchos de nosotros, el aceptar nuestra historia se nos hace algo difícil, ya que nos enfrenta a nuestro propio dolor y vergüenza. Aunque tratar de olvidar o de evitar nuestro pasado pareciera ser la mejor opción, en realidad lo único que eso logra, es posponer nuestra sanación. El dolor no solamente nos lastima a nosotros mismos, sino que también afecta a las personas que nos rodean. El efecto es semejante al juego del "domino", puede ser disminuido cuando nos apropiamos de nuestra historia y logra traer sanidad, restaurando lo quebrantado dentro de nuestro interior. Aun más, al adueñarnos de nuestra historia, estamos aceptando plenamente lo que somos y lo que hemos vivido. Para las víctimas de abuso, el enfrentar nuestro pasado es un gran desafío ya que revela que somos diferentes a los demás, lo cuál es desgarrador. Vivimos en una sociedad que demanda perfección y es difícil ser honestos con nosotros mismos, y admitir que hemos sido quebrantados. Es más fácil esconder las cosas dentro de un cajón para que podamos eludir el juicio de personas que constantemente nos quieren rotular. Recuerda que todos somos susceptibles a la ruptura y las decisiones importantes de la vida no deben basarse en las opiniones de la gente. Los obstáculos pueden hacernos más fuertes y nos dan la capacidad para ayudar a otras personas en situaciones similares, si decidimos usarlos para bien . La Ley de la Relatividad afirma: *"Cada persona recibirá una serie de problemas con el fin de fortalecer la luz dentro de sí misma. No importa lo horrible que percibamos que es nuestra situación, siempre hay alguien que estará en una situación peor. Todo es relativo."* Sabiendo que todos podemos alcanzar la gracia de Dios, es útil, pero no va a remover la vergüenza que nubla nuestra visión y que roba nuestra voz. Mi abrumadora vergüenza, me fue removida cuando le confesé mis pecados a Dios y me arrepentí. Rendir mi dolor ante Cristo, me reveló la verdad del abuso. La vergüenza estaba en Trino, no en mí. También tuve la vergüenza del aborto, de consumir drogas y de otros pecados, pero todo eso también fue limpiado desde el momento en que decidí dedicar mi vida a Cristo y aceptarlo como mi Salvador. A partir de ese momento, el versículo que dice: *"no hay condenación para los que están en Cristo"* se convirtió en un pilar en mi vida. La culpabilidad que el enemigo uso para atormentarme durante tanto tiempo perdió poder sobre mí, ya que el gran poder de la misericordia de Dios ahora reina en mí. Aprendí que el terreno al pie de la cruz es plano y de acceso fácil, así que el perdón está a la disposición de todos los que estamos dispuestos a reconocer nuestros errores. El saber que he sido perdonada, me limpió de toda vergüenza. Ya no soy tímida, no tengo miedo, ni vergüenza de mis errores, o de los abusos que hubieron en mi vida, ya éstos no me definen. El amor de Cristo es el que me define ahora. El saber que mi pasado no define quien soy yo, ya no puede controlarme, pero si me ayuda a poder edificar a otros y a edificar me a mí misma. Compartir mi historia me ha dado el privilegio de poder ayudar a quienes sienten que son los únicos que han sufrido abuso, adicción o depresión. Lo que he aprendido a lo largo de mi recuperación es que cada vez que cuento lo desgarrador de mi historia, eso tiene menos poder sobre de mí.

La primera vez que me adueñé de mi historia, fue un mes después de que el Señor me encontró en la calle. Mi vida comenzó a cambiar rápidamente. No porque el mundo haya cambiado, sino porque yo estaba cambiando internamente. Mi percepción sobre la vida acerca del abuso y en especial de quien yo era, había cambiado. Ya no sentía vergüenza. Llegué a un punto de realmente aceptar quien, tal y todo lo que yo soy. Un mes después de haber recibido, aceptado al Señor y entregarle mi vida completamente, recuerdo que me preguntó: *"Rosie*

¿Todavía quieres morir?" Y le respondí: *"Ahora más que nunca, porque sé que voy a ir a un lugar mejor contigo. Ahora que he experimentado un poco de Tu gloria sólo puedo imaginar como sería estar en el cielo contigo."* Él dijo: *"¿Qué tal si mueres a ti misma, a tu deseo de control, a tus planes de venganza y puedes empezar a vivir para mí?"* Me prometió una vida abundante y la acepté. Le dije: *"Ya que moriste en la cruz por mí, haré cualquier cosa que tu me pidas."*

A partir de ese momento, jamás acepté que nuevamente me rotularan como prostituta, estúpida o inútil porque ahora sé que en mi ADN, tengo que soy hija de Dios; No por mis acciones sino por su amor.

Mientras estaba procesando todo eso, mi pastor me pidió que compartiera mi testimonio en el siguiente servicio de la iglesia. Nunca antes había hablado en público de mi gran secreto. Nunca había hablado sobre el abuso sexual o de mi pasado a personas extrañas, pero porque le dije a Jesús que iba a vivir para Él, lo acepté. No sabía cómo iba a hacerlo. Yo no tenía un mentor que me enseñara y nunca había tomado clases para hablar en público, por lo que, naturalmente, estaba aterrorizada. Pero aun así, asustada como lo estaba, yo me había comprometido y le había dicho que sí a Cristo, así que estaba dispuesta a cumplir mi palabra.

Durante 45 minutos, dije toda la verdad, delante de mi madre, de mis hermanos y delante de una congregación de 200 personas. Hablé sobre el abuso sexual, sobre mi juventud desenfrenada, y de mi plan para matarme lentamente. Además, les dije que había estado casada en secreto durante los pasados tres meses y aunque mi familia lo ignoraba, también estaba atravesando violencia doméstica. Incluso, hablé sobre el secreto más vergonzoso que tenía en mi vida, que aborté cuando tenía 17 años de edad. Vi directamente los ojos de mi madre, derramando incontables lágrimas. Sé que para ella era muy doloroso escuchar todo eso pero para mi era un gran alivio despojarme de todas esas cargas. Oculté mis secretos durante tanto tiempo que me estaban aniquilando por dentro. Yo había estado tan avergonzada de mí misma por lo que había hecho, pero ahora que sabía que había sido perdonada, finalmente podía hablar de ello. Tu poder está en el saber que eres perdonada.

Después de estudiar la Palabra de Dios, supe que no soy etiquetada por mis errores ni definida por las situaciones que me han ocurrido. Mi definición esta únicamente en ser hija de Dios. En cuanto acepté a Cristo en mi corazón, pase de ser creación de Dios, para ser su hija amada. El saber que soy su hija, me dio el poder de adueñarme de mi historia. Soy la única persona en este planeta que tiene esa historia, mi historia; Nadie puede replicarla y nadie puede hacer lo que yo hice con ella, ni mejorarla, ni empeorarla. Llegué a un punto a donde realmente me amé a mí misma, porque sabia que Él me amaba. Aun no acabo de entender su amor, sí se que es real.

Al compartir mi testimonio de 45 minutos, el cual por cierto, no era el mejor ni el más elocuente, sino mas bien crudo, lloré durante algunas partes de la narración porque todavía estaba en el proceso de sanidad, pero me sentí aliviada. Sentí un gran peso desprenderse de mis hombros. Finalmente me sentí libre porque ya no estaba aferrándome a mis secretos. Por fin, pude romper la fuerza que tenían sobre de mí.

Después de contar la verdad, he oído historias de mujeres y hombres que gracias a eso, se han animado a contar la suya. Han pasado doce años desde que decidí apropiarme de mi historia y ahora la amo. No estoy orgullosa de lo que he hecho, pero ya no me avergüenzo de mis errores, ni del abuso. Mi historia me ha dado una nueva forma y me ha dado un propósito.

El conectarse con otros, ayuda a consolarnos

La mejor parte de haber expuesto mi verdad, es que ahora muchas personas se sienten cómodas al compartir sus secretos conmigo. Repito, he tenido el privilegio de conocer miles de personas que han pasado por el abuso sexual y que me han confiado sus historias las cuales realmente se han quedado grabadas en mi corazón. Se sienten consolados al saber que no fueron los únicos que pasaron por esas desgracias. Tu no estas sola.

El hecho de que he contado mi historia, no significa que mi vida es perfecta. Sigo batallando diariamente, pero he decidido ser una porta voz para aquellos que han perdido su voz. Durante mi crecimiento, yo sentía que era la única que estaba pasando por el abuso sexual porque nadie hablaba del tema. Me sentía tan sola y por eso ahora, te entiendo y no quiero que tu te sientas igual. Mi decisión de hablar sobre el abuso, no ha sido fácil. Ha atraído muchas críticas, preguntas y ataques ya que algunas personas no pueden comprender mis verdaderos motivos de esas confesiones. También ha traído consecuencias porque algunas personas no pueden soportar la verdad. Ha habido momentos en los que he querido detenerme y renunciar, pero todas esas historias que ustedes me han contado, me mantienen firme.

Encuentra tu inspiración para seguir adelante

Una historia que me ha motivado mucho para poder seguir adelante, es la historia de una mujer de 80 años quien una vez que termine de dar mi testimonio ese día en la Iglesia, subió al altar y me abrazó con tanta fuerza que parecía que no quería soltarme. Tenía lágrimas derramandose por su suave y hermoso rostro y me susurro al oído, para que nadie más escuchara: *"Acabas de contar mi historia, excepto que nunca tuve las agallas para decírsela a nadie. Fui abusada sexualmente cuando tenía seis años por mi padre y nunca he tenido el valor de decir la verdad. Mi padre está muerto, y yo todavía no soy capaz de contar mi historia y todos los días, aun me causa dolor."* Me dijo que Dios la liberó cuando escuchó mi historia y aprendió a perdonar a su padre. También me dio las gracias por permitir que Dios me usara para renovar su vida. Nunca es demasiado tarde.

Otra persona que me ha motivado es alguien que me escribió en el medio social de "Instagram". Era la hija de una mujer maltratada. Su madre fue abusada sexualmente cuando tenía 7 años de edad y ahora tenia 40 años. El abuso aun afectaba su vida y sus relaciones. Ella me dijo que después de que su madre escuchó mi historia y finalmente decidió buscar ayuda. Ahora estaba dispuesta a recibir terapia y a recibir oración, para que ella también pudiera sanar. Le llevó a su madre 33 años para obtener el valor de hablar y conseguir ayuda. Ese era el momento justo para ella.

Otra historia que me recuerda que no puedo detener mi misión, es la de una niña de 7 años de edad, que vio una de mis entrevistas televisivas en las que yo estaba hablando acerca de mi primer libro, *Mis Pedazos Rotos*. Varios días después de ver la entrevista, alguien trató de abusar sexualmente de ella y ella tuvo la fuerza de decir firmemente que "no", le dio unas patadas al abusador y corrió tan rápido como pudo para decirle a su mamá lo que pasó. Gracias a que ella levanto la voz, ese hombre fue detenido, declarado culpable de abuso sexual y ahora ya no puede hacerle daño a otros niños. Nunca es demasiado temprano o demasiado tarde para hablar. Gracias por compartir sus historias conmigo. Repito, me han dado el valor para seguir adelante.

Tenemos que encontrar el valor para poseer y compartir nuestra historia, no importa lo oscura que ésta sea. No estoy orgullosa del abuso sexual, de la promiscuidad ni del uso de drogas, pero tenía que adueñarme de mi propia historia con el fin de poder sanar. Ahora que me siento emocionalmente estable, creo que es mi deber hablar de mi experiencia para que otros no pasen por el sufrimiento que yo pasé.

Tu vida tiene un propósito. Tu historia aun no termina. Todavía tienes la oportunidad de escribir tu futuro. Toma tu historia, enfrenta la, y a dueñate de ella. Ya no la ocultes, al menos no a ti misma. Dios conoce todos los detalles, rinde hoy mismo, tu dolor ante Él. No tienes que seguir siendo una víctima. Remueve el rótulo que otros te han dado. Eres hija de Dios. Deja que su amor se descargue sobre de ti. Tu Padre te ama. Ahora comparte tú historia y comparte su amor.

No permitas que te roben tu poder

Cuando has sido abusada, ya sea sexual, física, verbal o emocionalmente, te han robado tu poder. Yo tenía 8 años de edad cuando mi abusador me dijo que iba a matar a mi hermana, Jenni y él sabía que eso era lo que podía mantenerme callada. Él sabía que yo quería a mi hermana más que a nadie en este mundo. He aprendido lo que dice en la Biblia, que nuestra lengua (palabras), tiene poder de vida o muerte. Proverbios 18:21. Cuando comencé a vivir en silencio, comencé una vida de dolor, confusión y de soledad. Me sentía muerta por dentro.

Cuando hablé por primera vez con mi familia a la edad de 16 años, y nuevamente a la edad de 25 años, dentro de mi iglesia, recuperé mi poder. Ya no era la niña de 8 años, quien había estado congelada por el miedo y que temía hablar. A los 25 años de edad, me negué a permitir que alguien me quitara mi poder nuevamente.

Contar mi historia era extremadamente difícil y me tomó nueve años para armarme de valor, pero hubiese sido peor el haberme quedado callada. Uno de los mayores mitos es el de que "el tiempo cura todas las heridas" ¡Eso es falso! El tiempo no cura las heridas, sólo Dios lo hace. A veces estamos tan enfocados en el pasado, que no podemos avanzar. Cuando escondemos nuestro dolor y no lo enfrentamos, no podemos darnos cuenta de lo que realmente somos y de lo que podemos llegar a ser. Así que quedamos atrapados en esos momento, nos demos cuenta, o no. Debes de entender que Dios no puede transformar a quien fingimos ser, sólo puede transformar a quién verdaderamente somos. Si vienes fingiendo que eres feliz y que has olvidado el abuso, no podrás sanar, peor aun, el dolor va a seguir aumentando dentro de ti. Cada año que pasa, aumentará tu enojo haciendo que te enredes en malos hábitos para poder enmascarar tu angustia. Debes enfrentar tu dolor para que puedas sanar. No hay otra manera. Va a ser doloroso y va a ser un gran reto, pero una vez que te apropies de tu historia, finalmente serás capaz de librarte de tu vergüenza. Nadie podrá señalarte con el dedo, ni siquiera tú misma.

Cuando te decidas a enfrentarlo, toma tú tiempo y se paciente con el proceso. Para algunos, puede ser muy rápido y para otros, puede ser mas lento. No hay forma de hacerlo correcto o incorrecto. Piensa en lo sucedido y analiza ahora desde un punto de vista de madurez. Ese puede ser tu punto de partida. Vas a sentirte vulnerable y te va a dar miedo, pero sigue adelante. Vamos a ir mano a mano, y Cristo lo va a corregir. Si te toma 2 o 20 años, vamos a superarlo juntas con Cristo.

Historia De La Biblia Marcos 5: 24-34

*"Entonces Jesús fue con él. Una gran multitud siguió y se le echaban encima. Y había allí una mujer que había sufrido de **una hemorragia durante doce años. Había sufrido mucho bajo el cuidado de muchos médicos, y había gastado todo lo que tenía**, sin embargo, en vez de mejorar **se puso peor**. Cuando oyó hablar de Jesús, vino por detrás entre la multitud y tocó su manto, porque pensó: "Si logro tocar siquiera su ropa, quedaré sana." Inmediatamente cesó su hemorragia, y sintió en su cuerpo que era liberada de su sufrimiento. A la vez que Jesús se dio cuenta de que había salido poder de él. Se volvió hacia la gente y preguntó: "¿Quién ha tocado mi ropa?" "Ves que la multitud te aprieta," sus discípulos respondieron, "y sin embargo, preguntas, ¿Quién me ha tocado?" Pero Jesús seguía mirando a su alrededor para ver quién lo había hecho. Entonces la mujer, sabiendo lo que le había sucedido, vino y se*

postró a sus pies y, temblando de miedo, **le contó toda la verdad**. *Y él le dijo: "Hija, tu fe te ha sanado. Ve en paz, y queda sanada de tu sufrimiento ".*

Esta mujer tenía una hemorragia por los pasados 12 años; Una enfermedad física, pero sus raíces se encontraban en una necesidad espiritual al igual que el abuso sexual en tu vida es física, emocional y espiritual. Tal vez nunca has tenido una hemorragia, pero has estado sangrando internamente como ella. Una hemorragia es un acto de estar continuamente perdiendo sangre (que significa vida), y el abuso también nos a causado a perder algo (gotas de vida), continuamente. Algunos psicólogos han diagnosticado a las víctimas del abuso sexual como un trastorno por estrés postraumático, o, "TEPT", debido a la guerra emocional que hemos enfrentado. Te han herido profundamente, debido a la forma en que la persona te tocaba o abusaba de ti, y te dejó sangrando tu interior. Tienes heridas internas de guerra. Si no enfrentamos nuestro dolor, vamos a seguir sangrado. Esta mujer intentó todo para sanar y fue a doctor tras doctor, pero nada le ayudó. De hecho, ella sólo empeoró. Asi muchos de nosotros hemos intentado todo para detener la hemorragia interna del abuso, pero nada ha funcionado. Tal vez como yo, has probado las drogas o has bebido alcohol para aliviar el dolor. Tal vez pensaste que podías detener la hemorragia con un diploma o con un coche nuevo. Quizá eso te pueda ayudar a sentirte bien, temporalmente, pero la hemorragia continuará. Tal vez comenzaste a comer en exceso porque pensaste que con sobrepeso no serías atractiva y los abusadores no te desearían y te convertiste en una persona que come por emoción y no hambre. Pero nada de lo que podrías haber hecho ha sido algo que merecías o que tu provocaste. Eras una víctima inocente y no fue tu culpa. Deja que ese pensamiento se te grabe en la mente y en tu corazón. Toma el tiempo para que puedas entender tu falta de culpabilidad producida por el abuso.

Mediante este proceso, no es permitido que la víctima cargue encima ninguna vergüenza. Ama a la persona que eres.

La mujer de la historia que nos cuenta la Biblia, estaba desesperada y sabía que tenía que tomar medidas drásticas para detener completamente la hemorragia, así que vino por detrás y tocó el manto del Señor. Las leyes de esos tiempos permitían que ella fuera ejecutada por lo que hizo, sin embargo, decidió tomar el riesgo porque estaba cansada de perder. Perdió a su familia, a sus amigos, su condición social, dinero, relaciones, sangre y vida, diariamente. Sé que también has estado sufriendo durante muchos años como esta mujer, y estás cansada de perder. Al igual que Cristo sanó a esa mujer, Jesús puede curarte a ti también. El puede detener el sangrado, poner fin a la continua sensación de pérdida y Él puede detener tu tormento, ahora mismo.

En aquel entonces, las mujeres que estaban menstruando tenían que estar en tiendas de campaña y eran consideradas como inmundas, o contaminadas. Tal vez te sientes de esa manera. Tal vez te sientes sucia debido a lo que el abusador te hizo o sientes que todo lo que tocas, se echa a perder. Te animo que busques la verdad porque te lavara de toda tu vergüenza. Dios te ama y ahora tienes que aprender a amarte a ti misma.

Esta mujer había tomado el riesgo de tocar el manto de Cristo a pesar de que podría haber sido apedreada. Ella decidió hacerlo, porque ya no quería vivir de esa manera. Corre el riesgo de darle tú vida a Cristo y decirle toda la verdad para que ya no vivas en depresión o atormentada. No tienes nada mas que perder y si, mucho que ganar.

Aquí es donde todo cambió para la mujer en la Biblia, y es aquí donde todo puede cambiar para ti también. Jesús dijo: *"Alguien me ha tocado."* En ese momento, ella pasó de ser una "mujer en la multitud" a ser un " alguien " . Ella paso de ser nadie a, alguien. Al igual que tu, puedes pasar de ser una víctima del abuso sexual a ser lo que Dios quiso que fueras. En el corazón de Jesucristo, tu eres alguien. No sólo alguien de la multitud, pero alguien con propósito. Jesús pudo haber dejado que la mujer se fuera, pero él sabía que tenía un profundo dolor arraigado que era más profundo que una cuestión física cualquiera. La mujer no sabía la magnitud de su problema. Tal vez tu no te das cuenta tampoco, pero puedes estar segura de que Dios conoce todas tus necesidades, incluyendo las que traes arraigadas profundamente y siempre seguirá llamándote para poder sanarte. Tal vez te has convertido en una alcohólica, comes por compulsión, o has aceptado las relaciones abusivas, pero Jesús sabe que hay algo más profundo que necesita ser sanado dentro de ti.

Jesús sabía que el poder había salido de Él, y siendo omnipotente, sabía exactamente que era esa mujer quien lo había tocado. Aún así, preguntó quien lo toco para que ella pudiera pasar al frente y le revelara a todos los que estaban presentes, la profundidad del milagro y la fuente del poder que estaba en El, y no en el manto. Ella había perdido a sus amigos, a su marido y todo su dinero. Se preguntaba quién podría ser sin la hemorragia, y tú puedes hacerte la misma pregunta. Quien habrías sido sin el abuso? Dios quiere que cuentes tu historia para que puedas sacar el poder que tienes dentro de ti. Al tocar su manto, ella sacó el poder que proviene de El, y al contar su historia, saco el poder que había dentro de ella. Dios te dio poder en tu voz; Re-tomalo de nuevo. Este es el primer paso para convertirte en quien Dios quiso desde el principio que fueras. Jesús tiene un plan para tu vida. Él sabía que la multitud estaba mirando, sabía que la habían rechazado por 12 años, que la habían tratado mal y que la habían condenado por algo que no habia su culpa. Jesús quiso que la multitud fuera testigo de lo que acababa de hacer. Necesitaba que se dieran cuenta que en medio de su sufrimiento, ella merecía respeto y atención. En medio de tu sufrimiento, tu también mereces respeto y atención, y es por eso que a veces es necesario que cuentes tu sufrimiento a los que están cerca de ti. Dios nunca te avergonzara. Mi historia ahora está abierta para que lo sepa la multitud, ya que fue ignorada por 18 años, y Dios no quería dejarme vivir en silencio con el dolor, a solas. Ahora todo el mundo sabe que las personas que han sufrido abuso sexual merecen atención y respeto. Jesús también quería que ella supiera que nunca podría volver al aislamiento y que no podía volver a ser invisible. Ahora era alguien. Después de encontrarte con Cristo, podrás tratar de volver a esa relación abusiva y te darás cuenta de que ya no perteneces allí. Una vez que te adueñes de tu historia y empieces a amarte a ti misma, ya no serás capaz de tomar una bofetada más en tu cara. Ya no comerás en exceso o abusaras del alcohol o de las drogas, ya que respetas y apreciaras y respetaras tú cuerpo. Ya sea que te conviertas en el propietario de tu historia y se la des a Cristo, no hay vuelta atrás. Vas a ser transformada. Vas a nacer de nuevo. Ya no serás la misma persona. Tu nueva vida comenzará en ese momento. Vivirás una vida libre de la vergüenza, el trauma y de la soledad.

La Adicción es una señal de que necesitas sanidad interior

Los padres son responsables de construir la imagen de sus hijos y sus identidades. Cuando no pueden decirle al su hijo e hija, quien él o ella es, dejan una puerta abierta a las mentiras del diablo[ii]. Lo que erróneamente creemos sobre nosotros mismos, puede llevarnos a las adicciones. La comida es indispensable pero no cuando comemos impulsivamente para anestesiar el dolor. Debemos comer para alimentar nuestros cuerpos. Muchas mujeres como yo, piensan que si están pasadas de peso, nadie va a querer abusar de ellas, pero luego se deprimen porque están sobrepeso y eso llega a convertirse en un ciclo tóxico. Algunas personas comen en exceso porque se sienten vacías y están tratando de llenar ese vacío que sienten en su interior, pero eso no es lo que tu alma está deseando. Una vez que la comida no es suficiente, otras adicciones empezaran como el alcohol, el sexo, aplausos o las drogas. Cualquier cosa en exceso puede llegar a ser tóxica. Yo intenté de todo y nada quitaba mi dolor. Me sentía como basura, entonces ponía basura dentro de mí. Con el fin de romper nuestras adicciones, debemos cambiar lo que pensamos sobre nosotros mismos. Una vez que nos damos cuenta de lo valiosos que somos, vamos a evitar hábitos tóxicos.

Cuando te adueñes de tu historia y comiences a amarte a ti misma, nuevos hábitos se formarán. Entonces, ya no serás capaz de aceptar abuso verbal, físico o emocional.

Si tienes adicciones, no pierdas la esperanza. Yo tenía adicciones también. Yo era adicta a la pornografía, al alcohol, a las drogas, a agradar a la gente y al sexo. Tenía que superar adicción tras adicción y no fue fácil, pero lo hice con la ayuda de Dios. Algunas adicciones fueron rotas instantáneamente en presencia de Dios, mientras que otras tomaron tiempo, mucho trabajo y disciplina.

Algunas adicciones no tendrán sentido para ti o para otros. A pesar de que odiaba el sexo mentalmente, mi cuerpo lo ansiaba físicamente, debido a que estuve expuesta a una edad tan joven. A través de la terapia, he aprendido que cuando nuestros abusadores despertaron nuestros sentidos sexuales, nuestro cuerpo no entendía que era nuestro tío o nuestro abuelo; Sólo sabía que algo se sentía agradable y luego nos culpamos a nosotros mismos por sentirnos de esa manera . De acuerdo con *Psychology Today*, la excitación sexual hunde al cerebro con una oleada de neurotransmisores, que son mensajeros químicos que forjan las emociones, los sentimientos de apego, e incluso amor. El cerebro durante la excitación sexual y el orgasmo, se ve igual que el cerebro durante el uso de la heroína[iii]. La excitación sexual puede llegar a ser muy adictivo debido a las neuronas implicadas, por lo que los niños víctimas de abuso sexual pueden ser extremadamente susceptibles a personalidades adictivas. El hecho de que nuestro cuerpo disfrutó de algo no significa que lo toleramos o que era correcto. Es entonces cuando empezamos a odiar nuestro cuerpo, a nosotros mismos y a querer auto-castigarnos por sentirnos de esa manera. Yo odiaba lo que Trino me hizo. Estaba aterrada y sentía asco después de que el terminaba. Sabía que no era correcto, pero en el momento en que tenía 11 años de edad, mi cuerpo lo requería. Yo era un niña adicta a la pornografía. No fue nuestra culpa experimentar esa adicción. Estábamos demasiado jóvenes para comprender plenamente lo que estaba ocurriendo en nuestras neuronas y en nuestros cuerpos. Ahora cuando veo a una niña de 11 años de edad, puedo ver que ella no tiene la madurez necesaria para entender la complejidad del sexo. Por lo general, a los niños se les enseña a obedecer a sus mayores y eso es lo que hice. Después, entendí que no todos los adultos tienen buenas intenciones hacia nosotros y que no debería culparme a mí misma o a mi cuerpo por los efectos del abuso.

Una vez que lleguemos a la raíz de nuestra vergüenza, podemos empezar a sanar. Ahora no tenemos que comer en exceso o beber alcohol en exceso para ocultar nuestra vergüenza porque entendemos que no fue nuestra culpa. Estábamos confundidas y ahora tenemos claridad. Sí, sufrimos del abuso sexual, pero ya no más. Ya que encuentres la raíz, como una mala hierba en tu jardín, puedes arrancarla y cada flor podrá crecer y florecer como tal como fue diseñada a crecer.

Inicia tu proceso de restauración hoy mismo.

Si no estás lista para hablar con una persona sobre el abuso sexual, por favor escribela. Incluso si tienes que hacerla pedazos después. Yo escribía mi historia y luego la tiraba porque no quería que nadie la viera. Cada vez que la escribía, quedaba más conforme con la redacción . En el principio, ni siquiera podía decir la palabra abuso o escribir la palabra violación porque estaba tan traumatizada. En el momento que tenía 16 años, estaba verbalmente capaz y suficiente fuerte para compartir mi historia porque ya la había escrito tantas veces.

Ya sea que lo escribas o lo cuentes, apropiate de tu historia hoy. Con todo lo desagradable, la oscuridad, los fracasos y victorias, es tuya y sólo tuya, pon orden en ella y usa tu poder para transformarla.

Oración

Padre Celestial, así como la mujer que tenía una hemorragia, me había olvidado quién era yo. No sé quien me hubiera sido si el abuso sexual no hubiera ocurrido. Ahora pongo mi vida en tus manos. Por favor ayúdame a empezar a recordar las partes de mi pasado que son necesarias para mi crecimiento y para mi sanidad. Ayúdame a hacerle frente a mi historia, viendo la realidad de la misma manera que tu la ves y no como las mentiras la han distorsionado. Por favor toma mi mano mientras recorro mi pasado y permite que me sienta segura sabiendo que los abusos no volverán a suceder. No me voy a quedar atorada en mi pasado y no voy a seguir siendo torturada por los recuerdos. Voy a caminar y a atravesarlo victoriosa y no como una víctima. Ayúdame a revelarte toda la verdad y guíame a contarla a aquellos que también necesitan escucharla. Sé que si te tomo de la mano, estaré a salvo. En el nombre de Jesús. Amén.

4

Identidad

Todo lo que pensabas antes te ha llevado a tomar cada decisión que has hecho, y todo eso ha traído grandes consecuencias a tu vida. Si deseas cambiar lo que eres física, mental, y espiritualmente, tendrás que cambiar lo que piensas.

-Dr. Patrick Gentempo

Comprender y aceptar lo que realmente somos es increíblemente importante si queremos tener una vida feliz. Aunque suena fácil, en realidad es una de las cosas más difíciles que tendremos que hacer. Además de aceptar nuestra apariencia física, también debemos analizar nuestros patrones de comportamiento. Muchos de nosotros sentimos que nos quedamos cortos en una o ambas áreas. Cada vez que miramos el espejo o cada vez que eludamos el comportamiento que despreciamos, sentimos que hemos fallado. No nos gusta lo que somos porque nos han engañado para que creamos que las niñas deben ser delgadas, amables y tranquilas, mientras que los niños deben ser altos, rudos y prácticos.

Todos tenemos fallas, pero las personas poderosas entienden que los defectos pueden ser herramientas para mejorar nuestros atributos. En lugar de ignorar nuestros defectos o despreciarnos a nosotros mismos, tenemos que entender que están ahí por una razón. Si no aceptamos esto, pasaremos por la vida odiando lo que nos ayudó a formarnos y lo que nos hace únicos. Amarte a ti misma por completo significa aprender a amar tus imperfecciones; Cualquier otra cosa es amor incompleto.

Aceptar quiénes somos es especialmente difícil cuando tenemos voces externas que nos dicen que no somos suficientes. Las redes sociales tampoco ayudan. No solo nos comparamos con los demás, sino que también tenemos que lidiar con negatividad de nuestros propios comentarios.
Lo que he aprendido a lo largo de mi viaje es que necesito entender quién soy en lo más profundo de mi ser, y amarme.

Necesito aceptar mi estructura física y apreciarla. Mi cuerpo me ha dado tres bellos hijos y aprecio su fuerza y poder contados por mis estrías y cicatrices. He aprendido a amarme a mí misma otra vez y eso me ha ayudado a aceptar quién soy completamente. Solo después de ser recibida y aceptada, puedes trabajar hacia la transformación, no al revés; eso va para ti y para todos los demás.

Los Avances

Hace un par de meses, tuve un gran avance. Fue uno de los avances más importantes en mi vida. Estaba tratando de evitar tener una discusión con mi esposo. Hemos tenido exactamente el mismo argumento cientos de veces antes y no quería volver a tenerlo. Abel y yo estábamos disfrutando de un momento agradable en Miami con algunos nuevos amigos. Estábamos pasando un tiempo maravilloso. Estuvimos cenando con un grupo de unas veinte personas. Obviamente, eso significa que había nuevas mujeres. Siempre he sido insegura de mí misma, físicamente y he tenido problemas de desconfianza hacia el sexo masculino. Mi hermano, Juan, una vez me dijo que todos los hombres engañan a las mujeres, y yo debería aceptarlo. Él me dijo eso cuando tenía 13 años y realmente afectó la forma en que pensé acerca del sexo opuesto. Él puso el espíritu de la desconfianza y temor en mí a una edad temprana. Entonces, llevé ese mito conmigo y pronto, se convirtió en mi equipaje. Una vez que comenzó a afectar mi matrimonio, supe que tenía que hacer algo al respecto. Había llegado al punto en que me negaba a dejar que la opinión de otras personas sobre la vida, afectara a la mía. Llegué a esa conclusión, ese día. Abel y yo estábamos sentados en la mesa con nuestros amigos y había una mujer muy hermosa sentada allí con nosotros. Pensé, ella es más joven que yo, más delgada que yo, su cabello es más largo que el mío, y comencé a sentirme realmente insegura de mí misma. Más que su belleza física, su aura es lo que me desafió. Su cara se veía tan inocente y dulce. Parecía la persona más agradable que podría conocer. Todos seguimos divirtiéndonos, pero durante toda la noche, me encontré observando para ver si mi esposo la estaba mirando. En el pasado, mi esposo y yo hemos peleado por esta misma situación. Anteriormente, lo interrogaba y lo hacía sentir acosado, pero esta vez no quería acusarlo, ni ofenderle. Yo quería hacer algo diferente para romper ese ciclo. No sabía cómo iba a hacerlo porque no quería que proviniera de mi inseguridad. No supe cómo hacerle la pregunta a mi marido: "¿*La estás mirando?*", sin atacarlo verbalmente. Entonces, me mantuve a fuego lento y le dije a mi esposo: "*Amor, algo me molesta por dentro y me siento un poco insegura. Por favor, ora por mí. Quiero hablar contigo sobre eso, pero todavía no sé cómo. Por favor, déjame lidiar con eso hasta que pueda contartelo.*" Gracias a Dios, Abel no me presionó. Continuamos pasándola muy bien porque me negué a permitir que mis inseguridades arruinaran nuestro viaje. Unos días más tarde, regresamos a Los Ángeles y no le dije nada porque a veces siento que es más prudente no hablar con él cuando me siento emocionalmente vulnerable. Me sentía fea, vieja y gorda. Odiaba mi carácter fuerte y firme. No me sentía nada como la hermosa y dulce mujer de Miami. Le dije a mi esposo que finalmente estaba lista para hablar y él no tenía idea de qué íbamos a hablar. Lo mencioné, pero antes de preguntarle con calma si la estaba mirando, comencé a hablar con él sobre mis sentimientos. Le dije que me sentía insegura y que en ese momento, no me gustaba a mí misma. Comenzamos a hablar, y él me preguntó de dónde venían esos sentimientos y si él había fallado en no haberme dicho lo hermosa que soy. Tuve que analizarme y confirmé que siempre me había dicho que soy hermosa, pero por alguna razón, no había podido creerlo. Llegamos a la raíz del problema. Este momento cambió mi vida. Pensé que la joven era deseable porque eso es lo yo que siempre quise ser. Siempre he tenido un carácter fuerte; Soy explosiva cuando estoy enojada, si estoy de mal humor, arruina mi día y el de los demás, tengo el carácter muy firme. Esas son las palabras que uso para describirme a mí misma. La mayoría, rara vez me describen como dulce o delicada. Siempre he deseado ser como esa mujer. Como quería ser esa mujer, asumí que a Abel le gustaría tener a alguien como ella. En esos tres días, pude orar y analizar mis inseguridades, comprender por qué pensé que la mujer era deseable y por qué creí que mi esposo la desearía. Mi esposo me entendió porque estaba comunicando mis emociones claramente en lugar de gritar y culpar lo. Fue un momento hermoso porque le dije que suponía que él querría una mujer delicada y suave, pero él me dijo que eso no era lo que quería ¡Él me quería a mí! Con mis asperezas y con mi actitud fuerte. Me dijo que amaba mi personalidad porque eso es lo que me llevó a donde estoy hoy y lo ayudé a ser un mejor hombre. Reconoció que mi ira fuera de control puede ser destructiva, pero cuando controlo mis emociones y hago movimientos firmes, él me admira.

Valorándonos a nosotros mismos

Ahora me doy cuenta de que esas cualidades no deseadas me ayudaron a sobrevivir. Después de mi conversación con Abel, estaba llorando sabiendo que él me conocía y me amaba por todo lo que soy. Mi esposo me ama con todos mis defectos. Él entiende de dónde obtuve mi dureza y ama mi voluntad de sobre-vivencia. Por primera vez no peleamos por otra mujer y creo que realmente ama quien soy. Sí, sabía que pensaba que la mujer tenía una cara bonita porque no es ciego, pero no la deseaba. Eso me ayudó a llegar a un lugar más profundo en mi sanidad y con Dios. Estaba un paso más cerca de aceptar quién soy.

Puede que no me consideren complaciente, pero el Espíritu Santo no quiere que sea complaciente (valga la redundancia); Mi llamado espiritual es que sea amable. "*Pero el fruto del Espíritu es amor, gozo, paz, paciencia, benignidad, bondad, fidelidad, mansedumbre, dominio de sí mismo"*. Gálatas 5:22-23

Las personas complacientes a veces pueden convertirse en presas fáciles cuando dicen que sí solo porque no quieren lastimar a otra persona, cuando realmente quieren decir que no. La bondad significa que puedes decir no de manera amorosa. Soy bondadosa y fuerte. Finalmente estoy aprendiendo a aceptarme a mí misma. Finalmente estoy aprendiendo que mi esposo me ama tal como soy, y ya no tengo que estar celosa de nadie más. Él no está mirando a otras mujeres. No tuvimos una pelea, al contrario tuvimos un gran avance en nuestra relación. Ya no llevo esa carga y él ya no tiene que lidiar con la carga de otra persona. Hay poder para saber exactamente quién eres y quién no eres. Puede que no sea una bonita y dulce flor delicada, pero definitivamente soy una rosa fuerte. No le caeré bien a todos, pero mi esposo me ama y yo me acepto tal como soy. Eso está más que bien conmigo ahora.

Enfrenta tú pasado

Si no confrontamos los problemas de nuestro pasado, continuaran afectando nuestro presente y nuestro futuro. Si no permitimos que Dios restaure y sane nuestro pasado, nos afectará negativamente de una forma u otra. Tuve que cavar profundamente dentro de esos puntos heridos y desenmascarar las mentiras, para poder ver la verdad. Tenía que ir a la raíz y pensar:"*¿Por qué supongo que mi marido me engañaría?*" Mi esposo es un hombre respetuoso. Si una bella mujer entra en un lugar, él se da la vuelta deliberadamente porque no quiere que me sienta insegura o no quiere exponerse a la tentación. Lo estoy comparando con los hombres de los que mi hermano estaba hablando, y eso no era justo para él. Tuve que quitarme la opinión que tenia mi hermano de mi mente, porque no es mi opinión y no describe la personalidad de mi esposo. Las expectativas negativas que aporté a nuestro matrimonio dañaron y afectaron nuestra relación. Cuando era adolescente, me dijeron que nadie me amaría con mi actitud y con mi fuerte carácter. La gente me dijo que tenía que cambiar porque a los hombres solo les gustaban las mujeres suaves, dulces y tranquilas. Esos comentarios me hicieron sentirme rechazada y desagradable. Cambiar todo sobre mí era mi única esperanza para alcanzar el amor. Eso era incorrecto. Tuve que des aprender los mitos que otros me habían inculcado. Tuve que borrar las mentiras y creer en la verdad.

Cómo transformarnos

Para transformarnos debemos transformar nuestras mentes. No podemos conformarnos con las cosas de este mundo, sino ser transformados con la palabra de Dios. Nuestro enemigo no es nuestro esposo, hijos o la familia, el verdadero campo de batalla es nuestra mente. Estamos luchando contra creencias erróneas y mentiras creadas durante nuestro pasado. Para obtener poder en nuestras vidas, debemos ganar en nuestras mentes. Los pensamientos equivocados producen malos hábitos y los malos hábitos producen vidas tóxicas. Puedes intercambiar malos hábitos, desde drogas hasta pornografía, pero si no desenmascaras el verdadero problema, volverá a aparecer con un disfraz diferente.

Aceptando quienes somos

He tenido muchas batallas que han afectado mi vida. He luchado con el sobrepeso, y esa ha sido una de mis mayores batallas en la que aún hoy por hoy, estoy trabajando para superar mentalmente. Nací siendo una bebé de casi 11 libras y mentalmente asumí que nunca sería delgada. Incluso cuando pierdo peso, mi mente aun se rehúsa a aceptarlo. Realmente creo que muchos de nosotros padecemos de trastornos de dimorfismo corporales y ni siquiera lo sabemos. No importa cuánto peso perdamos, en nuestras mentes todavía somos gordas, e indeseables.

En el pasado, me hacían burla por tener sobrepeso y eso ha afectado seriamente mi autoestima. En un tiempo llegue a pesar 260 libras e incluso cuando bajé a 150 libras, todavía me sentía gorda. La gente me ha dicho: "*Rosie, no estás viendo claramente*", porque nunca he aceptado mi tamaño o peso real y sigo intentando bajar de peso incluso cuando no es necesario. Me miro en el espejo y aún me siento como si pesara 200 libras, aun cuando mi báscula dice que peso menos. Creo que es porque mi mente aún no se ha transformado por completo. Todavía soy una obra en construcción. Puedo comer sanamente, puedo hacer ejercicio como una loca y hacerme una lipo escultura, pero si mi mente no ha cambiado, siempre sufriré y me distraerá con mi apariencia. Uno de los planes del diablo es distraernos con mentiras acerca de nosotras mismas.

Cuando ocurre el abuso, tu espejo interno se rompe, y no puedes verte tal como eres tu misma por lo que realmente eres. Solo podremos ver partes de lo que somos. A veces soy agradable, y puedo ser tan delicada como una flor, pero continuo viendo a la Rosie de mala actitud, áspera y gorda. Mi visión de mí misma ha sido distorsionada. Decidí reparar mi espejo interno mirando en mi, el espejo de Dios y creyendo lo que Él dice que soy. Ahora me doy cuenta de que soy una persona en constante evolución. Mi altura, peso y cabello han cambiado a lo largo de los años y está bien. Dios ama cada versión mía. Estamos siendo transformados minuto a minuto, y no debemos juzgarnos por lo que ve el espejo, sino por lo que Dios ve en nosotros. Dios no te amará menos si aumentas 5-10 libras. Solo la sociedad nos juzga, pero al final, debemos recordar que no hay opinión más importante que la de Dios.

Transformándote para ser la mejor versión de ti misma

La transformación, aunque dolorosa, difícil y prematura, es un proceso hermoso. No soy la misma persona que era hace cinco años, y no sé quién voy a ser en cinco años, pero ahora estoy orgullosa de mí misma en cada paso del camino. Una vez que acepto quién soy, tengo el poder de transformar lo que soy. No tengo que cambiar para que Dios, mi esposo, mi familia o para mí, me amen, pero puedo transformarme para convertirme en la mejor Rosie posible.

Historia de la Biblia Marcos 1: 9-12

"En ese momento Jesús vino de Nazaret de Galilea y fue bautizado por Juan en el Jordán. Del mismo modo que Jesús venía caminando fuera del agua, vio que el cielo se abría y que el Espíritu bajaba sobre él como una paloma. Y vino una voz del cielo: " ***Tú eres mi Hijo, a quien amo; en ti me complazco*** *."En seguida el Espíritu lo impulsó a ir al desierto."*

Jesús es el Hijo de Dios. El Padre amó a Jesús antes de realizar ningún milagro, antes de sus asombrosas enseñanzas, antes de ganar la batalla con el enemigo en el desierto, y antes de que las multitudes lo siguieran. Dios no estaba complacido con Jesús por lo que hizo, sino más bien con quién era Él por adentro. Debido a que Jesús tomó nuestro lugar en la cruz, Dios nos ama antes de nuestro diploma y antes de nuestro asombroso discurso. Él nos ama antes de que hagamos algo grandioso y Él nos ama cuando cometemos errores. No somos amados por nuestros logros; somos amados por lo que somos; Sus queridos hijos. Permite que eso se penetre en tu mente y en tu corazón. Deja que resuene dentro de ti hoy mismo; Si crees que Jesús es el Señor que murió en la cruz por tus pecados y resucitó al tercer día, eres un hijo de Dios. Él te ama y está complacido contigo. Dios dijo estas palabras en voz alta a Jesús. No vimos a Dios, pero lo escuchamos. Juan el Bautista y todos los testigos escucharon la voz de Dios. Trueno vino de los Cielos. Dios le estaba haciendo saber a la gente que no se avergonzaba de ser visto con Jesús. Hoy, Dios dice que no se avergüenza de ser visto contigo. Si estuvieras caminando por la calle, te tomaría de la mano con orgullo. No por tu apellido o por tus logros, sino porque Él te ama. Dios se enorgullece de llamarte hija suya.

Historia De La Biblia Marcos 11- La Triunfante Entrada De Jesús

*"A medida que Jesús y sus discípulos se acercaron a Jerusalén, llegaron a las ciudades de Betfagé y Betania, en el Monte de los Olivos. Jesús envió a dos de ellos adelante. "Ves a esa aldea allá", les dijo. "Tan pronto como entres, verás un pollino juvenil **que nadie ha montado todavía**. Desátalo y tráelo aquí. Si alguien pregunta: '¿Qué haces?' solo diga: 'El Señor lo necesita y lo devolverá pronto. "Los dos discípulos fueron y encontraron que al pollino de pie en la calle, atado fuera de la puerta principal. Mientras lo estaban desatando, algunas personas presentes exigieron: "¿Qué estás haciendo, desatando a ese pollino?" Ellos dijeron lo que Jesús les había dicho que dijeran, y se le permitió tomarlo. Luego trajeron el pollino a Jesús, y echaron sus mantos sobre él, y él se sentó sobre él. Muchos en la multitud tendían sus mantos en el camino delante de él, y otros usaron ramas frondosas que habían cortado en los campos. Jesús estaba en el centro de la procesión, y la gente a su alrededor gritaban, " **¡Gloria a Dios! ¡Bendito el que viene en el nombre del SEÑOR! ¡Bendiciones sobre el reino de nuestro antepasado David! ¡Alabe a Dios en el cielo más alto!** "Entonces Jesús vino a Jerusalén y entró en el templo. Después de mirar cuidadosamente todo, se fue porque ya era tarde. Después volvió a Betania con los doce discípulos."*

Jesús vino triunfalmente a Jerusalén, donde la gente lo conocía. Esta era su gente. Las personas que habían estudiado los libros de los profetas, específicamente Zacarías 9:9, reconocieron a Jesús como el que manifestaba la profecía en la realidad montando a este burro en la ciudad. También fue bien recibido porque pudo montar un burro que nunca había sido montado. Los burros no entrenados perderían el control o se quedarían quietos si alguien intentara montarlo, pero Jesús tenía el poder de hacerlo caminar. Fue menos que un milagro y la gente le gustan los milagros. Esta vez conocieron al hacedor de milagros o al menos pensaron que lo conocían. Es por eso que las personas siempre piensan que te conocen y te lo tiran a la cara. "*Sé quién eres, y sé de dónde vienes. Te vi hace cinco años, y sé lo que hiciste.*" Creen que te conocen por lo que eras. Jesús regresaba a su propia ciudad natal y sabían que él era el hijo de José, que era un humilde carpintero y que él era el hijo de María. Habían oído hablar de la impactante historia de su concepción y probablemente cuestionaban el honor de su madre. Conocían a sus hermanos, y por lo tanto, pensaron que lo conocían. A pesar de que estaban asombrados por sus milagros, trataron de poner límites sobre quién podría ser. Pero ¿Quién realmente conocía a Jesús? La última vez que la Biblia registró a Jesús fue cuando tenía 12 años. Sus padres lo perdieron entre la multitud en el camino de regreso a casa desde Jerusalén. Esa es la última vez que escuchamos de su juventud. No volvemos a saber de Jesús hasta que él tenía 30 años. Le pregunté a Dios dónde estaba durante 18 años. Le pregunté: "*¿Por qué esta etapa de su vida no está registrada?*" Llegué a comprender que Jesús necesitaba 18 años a solas con su Padre. Jesús necesitaba aprender a escuchar e identificar la voz del Padre. La última vez que vimos a Jesús, Él estaba enseñando a los líderes de la sinagoga, a los maestros de las escrituras y solo tenía 12 años. Cuando los rabinos escogieron a los discípulos, eligieron a los hombres más inteligentes que pudieron encontrar. En nuestro tiempo, Jesús iría a las escuelas más importantes, pero en su tiempo, no lo querían. A Jesús ni siquiera se le pidió que asistiera a una escuela secundaria. Pensé que algo estaba mal con eso. Jesús fue lo suficientemente inteligente como para estar en una de las mejores universidades, pero ¿Por qué no lo querían? Dios tenía algo mejor para él. Dios decidió poner a Jesús en soledad durante 18 años. No era un castigo, era un momento de preparación. Si

Dios necesitaba tiempo solo con Cristo, entonces también lo necesitamos nosotros. Lo que Él estaba construyendo, era la identidad de Cristo. Esa es la única cosa que iba a ser cuestionada todos los días. Durante los tres años que Cristo ministró, su identidad fue cuestionada una y otra vez. Fue interrogado por el diablo, por los fariseos, por sus propios hermanos y hasta por sus discípulos. Jesús sabía exactamente cuál era el propósito. Jesús sabía que le tomaría 18 años prepararse para este momento. Escuchó a Dios todos los días pidiéndole recibir todas las preguntas que necesitaban respuestas, para poder cumplir su propósito. Él aprendió a escuchar la voz de Dios.

Cuando estás en la sociedad, hay demasiado ruido y demasiadas opiniones. Eso pasa con nosotros también. Ya sean las redes sociales o amigos, hay demasiadas distracciones. Escuchamos la opinión de las personas para que nos digan lo que piensan de nosotras y nos describan como somos en lugar de pedirle a Dios que nos de la suya. El enemigo constantemente nos miente acerca de nuestra identidad y ahí es donde comienza nuestro campo de batalla. El diablo no tiene el poder de ver nuestro futuro, pero puede ver la poderosa luz dentro de nosotros. Tristemente, la mayoría de las veces no podemos ver la luz dentro de nosotros y nos cuestionamos constantemente y eso nos roba nuestro poder.

Cuando Jesús entró a Jerusalén, lo hizo humildemente montado sobre un burro, pero entró como Rey. No tenía una lujosa ni una corona. No estaba montando sobre un semental como quizá un rey mundano entraría, sin embargo, lo hizo con la realeza espiritual, porque Él sabia, que era y es un Rey. Cuando entró a Jerusalén, sabía que una semana más tarde estaría en una cruz muriendo por nuestros pecados. Las mismas personas que estaban animándolo, serían las que pedirán su crucifixión una semana más tarde, inicialmente todos lo estaban animando diciéndole que era increíble y poderoso, con el poder de salvarlos de la opresión. Le gritaban que era el Rey que han estado esperando. De hecho, una semana después, Jesús camino hacia la cruz, no lo movieron las opiniones de la gente. Los comentarios positivos no lo adularon, ni los comentarios negativos lo quebrantaron. Aplica este ejemplo a tu vida. No podemos ser quebrantados por la etiqueta, crítica o opinión negativa de alguien sobre nosotros. Tampoco podemos formarnos porque alguien nos dijo buenas palabras. No podemos sentirnos princesas porque un hombre nos llamó princesas. Tenemos que saber quiénes somos en nuestro núcleo y no necesitamos validación externa para ser felices.

Las personas que decían que Jesús era un rey, una semana más tarde, pedían que lo crucificaran y lo consideraban peor que a un asesino. Pensaron que merecía morir en una cruz, el tipo de ejecución más doloroso y vergonzoso de aquel entonces. Así de rápido la gente puede volverse contra ti. Algunas personas pueden amarte hoy y odiarte mañana. Es por eso que las personas no pueden tener poder sobre ti. La opinión positiva o negativa que las personas tengan acerca de ti no deben de determinar tu valor. Para poder alcanzar ese nivel de madurez, debemos pasar tiempo a solas con Dios y buscar la validación que proviene únicamente por parte de El. Pasar tiempo a solas con Dios es el mejor constructor de carácter e identidad. Tienes que pasar tiempo a solas. La mayoría de las personas han estado tan ocupadas hablando y conociendo a otras personas, que nunca se dan el tiempo para hablar y conocerse a si mismas.

Corta el ruido

Corta el ruido, deja de escuchar las opiniones de la gente que escribe a través de medios sociales, para ayudarte a sentir valorada y también para de compararte con las modelos de las revistas. Si tu espejo interno está roto, puede ser reparado y restaurado. Dios te conocía antes del abuso y Él sabe quién serás una vez que hayas sido sanada. Él te restaurará del quebrantamiento. El proceso lleva tiempo, y necesitas aprender a estar a solas para que puedas orar y meditar. Aprende a escuchar la voz de tu Padre.

La próxima vez que alguien te haga un cumplido, humildemente da las gracias, pero no dejes que se te suba a la cabeza. Cuando alguien te haga una crítica, humildemente también da las gracias, pero no permitas que ambas cosas lleguen a tu corazón ni te menosprecies a ti misma. Nadie debería de tener el poder de formarte o de quebrantarte.

Sólo Dios Puede Definirte

Durante mucho tiempo permití que las demás personas impusieran su opinión acerca de mí persona. De hecho, aun continúan algunas personas en mis redes sociales llamándome ramera y otras cosas horribles. Ya no recibo ni acepto en mi corazón, esos insultos. Cuando descubrí quién era yo bajo los términos de Dios, me negué a aceptar las etiquetas que alguien más tenia para mí. Sí, existieron cosas en mi pasado, fui promiscua y no estoy orgullosa de eso, pero tampoco me avergüenzo porque he sido transformada. Entiendo por qué tomé esas decisiones en esos momentos. Estaba tomando decisiones por desesperación, dolor, enojo y necesidad de amor. Ahora veo a esa chica (a la Rosie del pasado) con compasión y ya no la juzgo ni la llamo ramera. Otra etiqueta colocada sobre mí, era la de "mitómana". La gente no creía en mi historia y me llamaban así. Tampoco acepto ese insulto. A veces la gente no puede aceptar la verdad y eso no es tu culpa o algo que deba de preocuparte. La carga de la verdad no está en ti. No tienes que demostrar la verdad; La verdad siempre saldrá a la luz por sí misma. La confianza en Dios es la clave.

Durante muchos años, la gente me llamó fea y yo misma me

llamaba fea, haciendo eco de lo que me decían. Ahora sé que soy hermosa. Tengo un aspecto único y estoy orgullosa de quién soy.

Una etiqueta que realmente me afectó mucho, fue la de que yo tenia una mala actitud. Me dijeron que debido a mi actitud, nunca sería amada y yo les creí. Tomé esa etiqueta como algo verdadero y pensé que tenía que fingir, ser agradable y suave. Pensé que tenía que cambiar para que la gente me amara. Fingía ser algo que no era porque quería sentirme amada. Decían que no era digna de amor porque era explosiva y corajuda, pero, hoy por hoy, ya no lo acepto. Me niego a recibir lo negativo de esas palabras. Yo he tenido siempre el poder de transformar mi actitud. La Palabra de Dios dice que tengo un espíritu de amor, poder y de auto control. Tengo el poder de transformar mi mente con la Palabra de Dios. Elijo ser diferente. Elijo escuchar antes de hablar. Elijo morderme la lengua antes de "meter la pata" o antes de lastimar a alguien, pero incluso si no me hubiera transformado, aún sería adorable. Dios me ama, y otros me aman con todo lo que yo soy. Dios nos acepta y nos ama antes de que Él nos transforme. No tenemos que cambiar antes de tener una relación con Dios. Date permiso para que puedas recibir su amor, hoy mismo.

Nuestros defectos percibidos son nuestros atributos

Lo que aprendí en mi proceso es que Jesús ama mi personalidad porque El la hizo. Él la creó así, para un propósito. A veces, tener una fuerte personalidad se puede percibir como ser un personaje malo, especialmente cuando esa personalidad proviene de las mujeres. Lo que me ayudó, fue amarme a mí misma tal como soy. Eso significa que a veces llevo las cosas al extremo y eso es algo que estoy aprendiendo a equilibrar; O soy súper agradable y dejo que la gente tome ventaja de mí, o yo soy súper dura y aparentemente tomo ventaja de la gente. No debo de ser extremista. Aun estoy trabajando en mantener un equilibrio. Quiero estar justo en medio. Sé que voy a fallar muchas veces en la vida, pero una vez que caigo, me sacudo el polvo y comienzo a caminar nuevamente. Castigarme a mí misma no sirve para nada. Ni siquiera Dios nos castiga. Dios nos disciplina con amor. Su disciplina no se siente bien, pero nos prepara para ser más como lo es Cristo. Si lastimamos a alguien, debemos pedir perdón y no volver a herirlos. Si alguien toma ventaja de mí, Dios me dice que me levante, que el ofensor sepa que no es aceptable, que lo perdone y que continúe mi camino.

Es normal cometer errores

Siempre vamos a cometer errores. Si hacemos trampa en nuestra dieta el viernes, no tenemos que auto castigarnos el sábado y el domingo. Eso no hace que las calorías desaparezcan. Hacer ejercicio, beber agua y tomar mejores decisiones es lo que ayudará. Lo mismo es cierto cuando trabajamos en nuestra actitud. Si cometes un error, reparalo pidiendo disculpas, aclarando las cosas ásperas que dijiste, mostrando firmeza para que la gente sepa que ya no pueden pisotearte y luego, levántate y sigue adelante. El auto-castigo no ayuda, únicamente perjudica tu progreso. Lo que aprendí a hacer es a ver mis errores solo por lo que son, errores. No son una etiqueta. No soy lo que hice. Mis errores no me definen. Si me tropezara con una piedra, eso significa que no miré por donde iba; No significa que no se caminar o que soy tonta. Simplemente que necesito quitar la piedra, ser más consciente y seguir caminando. Eso es lo que quiero que hagas. No te rindas durante tus días de debilidad. Lo segundo que aprendí es que mis características pueden ser una gran bendición cuando las uso de la manera correcta. Entiendo que tengo un carácter y una personalidad fuerte, y cuando uso esa fortaleza correctamente, puedo ayudar a cambiar la vida de las personas de la misma forma que cambio mi vida. Esa misma fuerza es lo que me hizo pararme frente a la congregación para contar mi historia, la que me dio la capacidad de perdonar a mi abusador y la que me ayuda a alentar a alguien que lo necesita. No tengo que cambiar y ser suave. Solo tengo que transformar mi fortaleza para ser usada correctamente. Esto lo aprendí de la historia de Pablo en la Biblia. Cuando Pablo se llamaba Saulo de Tarso, tenía un carácter muy fuerte. Cuando lo usó incorrectamente, hasta mató a algunos cristianos. Cuando su nombre cambio y se convirtió en Pablo, todavía tenía el mismo carácter fuerte, pero lo usó correctamente y se convirtió en una fuerza significativa. Él fue un gran evangelista. Él fue valiente y fue a lugares en los que otros estaban demasiado asustados para entrar. Ahí es donde mi personaje puede llevarme. Lo que el mundo puede considerar negativo, Dios lo puede usar para lo positivo, cuando lo coloco en sus manos. Aprendí a amarme a mí misma por ser la mujer que Dios creó que fuera. Dios no me hizo suave ni delicada. Él me hizo fuerte y ese es un atributo que debe ser usado para Su propósito. Las mujeres que son suaves, agradables y dulces tienen un propósito diferente. Quizás van a ser maestras de escuela o ayudarán a los ancianos. Mi propósito me exige ser fuerte, para que las personas no me atropellen mientras defiendo a los maltratados. Una vez que conozcas tú propósito e identidad, puedes amarte a ti misma y usar lo que pensaba que eran defectos, como herramientas.

Una de las cosas más valientes que puedes hacer es mirarte al espejo y amarte por quién realmente eres. Puede que estés en un lugar donde no sabes quién eres. Has fingido tanto tiempo, que lo fingiste hasta que lo creíste. Te escondiste detrás de la gente por tanto tiempo, que no sabes dónde dejaste tu verdadero yo. Parece un camino largo y aterrador para recorrer, pero no vas a caminar sola. Cristo va a tomar tu mano mientras atraviesas ese camino, no te perderás. Cuando te encuentres a ti misma, finalmente te sentirás cómoda con tu propia piel. Sé que piensas que tu enojo te ha protegido. Es por eso que te has auto-nombrado enojona. Sé que crees que tu amargura te está dando un tipo de venganza sobre el hombre o las personas que te lastimaron, así que te aferraste a ella. Sé que tu falta de perdón te da una falsa sensación de poder. Sé que te has acostumbrado tanto al dolor y a la ira, que crees que es parte de ti, pero no tiene por qué ser así. Cuando tomas esa ira y la usas incorrectamente, puede quemar todo un bosque. Sé que no quieres ser esa persona en el fondo. Tú enojo no te define, es más, tienes el poder de transformarlo. Puedes controlar tus emociones. Puedes controlar tu reacción ante las acciones de las personas y no permitirles dominar tu vida. De cualquier manera, Dios te amará. Dios te amará cuando te equivoques y con cuando eres virtuosa. Un diploma o tus atracones al comer, no lo harán cambiar su opinion acerca de ti. Dios te ama. Haz lo que haces, actúa cómo actúas, o mira cómo te ves, pero sabiendo siempre en tu corazón que Dios te ama. Disfruta el saber acerca del amor que Dios tiene hacia ti. Deja que hierva a fuego lento y recibe ese amor. Sal de tu casa sabiendo que no importa lo que suceda hoy, eres amada en cada paso de tu camino. Nada de lo que hagas cambiará eso. Ahora toma ese amor y úsalo para transformarte en la mejor versión de ti misma. Ten en cuenta de que después de que Pablo se transformó en Saulo, los cristianos no creyeron en su transformación. No confiaron ni lo recibieron durante dos años, pero finalmente terminaron reconociendo su cambio. Espera pacientemente, permita que tus acciones hablen por ti y le muestren a los demás, tu verdadera transformación.

Reto

Encuentra un versículo de la Biblia o una palabra en la Biblia que te resulte difícil de creer. Por ejemplo, fue muy difícil para mí creer que yo era una obra maestra de Dios. Efesios 2:10, dice que eres una obra maestra de Dios. Yo, Rosie, debido a mi peso, tipo de cuerpo y piel pálida, no podía verme a mí misma como una obra maestra. Primero, tenía que llegar a conocer a Dios. Tenía que creer en Dios porque Dios no es un mentiroso. Entonces, durante semanas leí ese versículo de la Biblia en voz alta una y otra vez, hasta que lo creí. A veces lo decía con lágrimas y a veces lo decía con enojo. Otras veces, lo decía tan

suavemente que apenas podía escucharlo yo misma. Le pedí a Dios que me mostrara por qué me llamaba obra maestra. Empecé a escuchar más su respuesta y menos a las mentiras que traía en mi mente. Llegué a un punto donde lo creía. Te desafío a que hagas este ejercicio. Dilo delante de un espejo o tal vez mientras conduces. Continúa haciendo esto hasta que creas todo lo que Dios dice sobre ti.
Aquí hay algunos versículos que puedes usar para comenzar:

Efesios 2:10 - "Porque somos hechura de Dios (obra maestra), creados en Cristo Jesús para buenas obras, las cuales Dios preparó de antemano para que andemos en ellas".

Proverbios 31:10- "¿Quién puede encontrar a una mujer virtuosa? Vale mucho más que las piedras preciosas."

Filipenses 4:13 - "Puedo hacer todas las cosas en Cristo quién me fortalece."

Isaiah 40:31 –"Pero los que esperan a Jehová tendrán nuevas [su] fuerzas; levantarán alas como las águilas; correrán, y no se cansarán; [y] andarán, y no se desmayarán."

5

Eleva Tus Amistades

Lo mejor que puedes hacer cuando te encuentras en un lugar herido, o vulnerable, es rodearte de las mejores personas que sean las más positivas y más fuertes, que conoces.
- *Kristin Armstrong*

Todos vamos a encontrar obstáculos. La diferencia entre las personas que los superan y las que permanecen estancadas, es el participar en un grupo de apoyo de personas que nos aman, nos cuidan y nos apoyan. Muchas veces cuando nos enfrentamos a desafíos, sentimos que es más fácil tratar con ellos por nuestra cuenta porque no queremos permitir que otros se involucren, pero eso es contraproducente. Debemos expresar nuestro dolor para obtener la orientación que necesitamos y poder avanzar en la vida.

El buscar orientación no es señal de debilidad; Mas bien es una característica de fortaleza porque en vez de tomar la ruta de escape fácil, enfrentamos nuestras dificultades para sanar. Dependiendo de la situación, podemos buscar orientación de nuestros padres, hermanos, mentores, amigos o profesionales. Se necesita humildad y valor para admitir que necesitamos ayuda para superar ese capítulo en nuestras vidas. Tener un grupo de apoyo es increíblemente importante si queremos sobrevivir al abuso. Desde la creación del hombre, sabemos que Dios no tuvo la intención de que los humanos lidiaran solo con sus obstáculos. Eva fue formada para ser la ayuda de Adán. Jesús envió las disciplinas en dos para difundir las Noticias Buenas. Fuimos formados para tener una relación con Dios y entre nosotros. Dios originó la idea de un grupo de apoyo. Un beneficio principal de tener un grupo de apoyo es que alguien en tu grupo probablemente haya pasado por la misma situación y puedan compartir su experiencia contigo. Cuando seleccionas tu grupo de apoyo, es importante alinearte con las personas adecuadas. Gente que sea fuerte, inteligente, amable y centrada en Dios. No participen en grupos de apoyo en donde haya personas que carezcan de fe porque podrían darte consejos que pueden dañarte, en lugar de ayudarte. Es importante reconocer que ninguna relación es perfecta y, a veces, las personas de tu grupo de apoyo pueden decepcionarte. Cuando eso suceda, haz tu mejor esfuerzo para reparar la relación, pero si finalmente sientes que esas personas no piensan como tu, está bien dejarlos ir. Muchas veces, cuando nuestra familia o amigos están atravesando alguna situación difícil o comienzan un trabajo que odian, su estado de animo cambia y ya no son capaces de apoyarte de la manera en que lo hicieron en el pasado. Algunas personas estarán en nuestras vidas por algunas temporadas y otras estarán en nuestras vidas por otras diferentes. Discernir las estaciones de las personas en tu vida es esencial para tu crecimiento.

Si buscas orientación matrimonial, elige mentores que sean imparciales. Si apoyan a un cónyuge más que el otro, el consejo será injusto y puede ser perjudicial para tu matrimonio. Recuerda que todos los matrimonios tienen conflictos. La Palabra de Dios, dice: *"No **permitas que** el hombre separe, lo que Dios ha unido." H*ombre elude un termino genérico de "ser humano", puede referirse a un forastero, un hombre, un mujer, la familia, amigos o entre a uno mismo. La Palabra revela el poder que tiene cada cónyuge sobre el matrimonio. Cada cónyuge tiene el poder y la responsabilidad de proteger y fortalecer el matrimonio. No le dé ese poder a nadie, especialmente a aquellos que no están totalmente comprometidos con tus ganancias o pérdidas como pareja.

El año pasado Abel y yo nos íbamos a divorciar. Me dolió mucho un secreto que mi esposo había guardado durante 6 meses. Él no me engañó, pero hizo algo tan engañoso, que lo consideré como una traición. Detesto las mentiras ya que expresan falta de respeto, de amor y una significante des conexión. Lo descubrí involuntariamente, pero ahora sé que fue Dios quien reveló este secreto oculto, para poder restaurarnos. Pero en ese entonces, yo quería divorciarme de él. Durante 3 meses tratamos de solucionar el problema por nuestra cuenta. Fue muy embarazoso. No quería que nadie supiera lo que había hecho. Hasta el día de hoy, no he dado detalles a personas ajenas a nuestro grupo de apoyo porque no quiero avergonzar a mi esposo. En ese momento, los dos sentíamos que estábamos dañando nuestro hogar aún más y lastimando a nuestros hijos. Fue como si Abel me hubiera roto la nariz y yo esta acudiendo directamente a él para que me la arreglara, pero él no es cirujano y no sabía cómo arreglar lo que había roto. El culpable no siempre puede restaurar lo que daña por sí mismo; El agresor también necesita la ayuda de Dios. Solo Dios puede sanar algunas heridas. Había llegado a un punto en el que nos gritábamos el uno al otro diariamente y nuestros hijos estaban siendo afectados por eso. Mi hija de 3 años en ese momento, se estaba comportando muy tímida y temerosa. No quería que le siguiera afectando a ella. Aunque Abel me había lastimado, al no pedir ayuda, estaba lastimando a mis hijos. Tuve que decidir si realmente iba a divorciarme de él y cambiar el rumbo de mi familia para siempre, o si iba a tener el valor de pedir ayuda. Iba a ser vergonzoso y la gente me iba a ver llorar.

Tendría que ser muy vulnerable, pero en comparación con perder a mi familia y tener a mis hijos crecer sin su madre y su padre en la misma casa, era un precio muy barato que pagar. Empecé a orar para encontrar quién podría ayudarnos ¿A quién le derramas tus entrañas y dejas entrar tu casa para ver el desastre que has hecho? Mi matrimonio roto no solo fue culpa de Abel; Hubo errores por parte de los dos. Habían pasado cosas que no se habían tratado correctamente y que estaba arruinando nuestro matrimonio. Yo ya era predicadora y Abel y yo habíamos ido a Bolivia a ministrar, pero nuestra casa estaba rota. No quería ser una falsa. No quería estar en un altar predicando sobre el amor de Dios cuando ya no sabía si amaba a mi esposo. Decidí detener todos mis planes hasta que se solucionaran las cosas. Dejé de predicar y realmente me concentré en mi familia. Sabía que no podría hacerlo sola. A pesar de lo fuerte que soy y de todo lo que he aprendido en las escrituras, en la escuela Bíblica y con todas las demás cosas que había vivido, no tenía experiencia en el matrimonio. Eso no me hacia tonta y ni me debilitaba. Simplemente carecía de experiencia, pero podría obtenerla si tomaba las decisiones correctas.

Cuando Las Cosas Son Difíciles, Busca Orientación

Abel y yo oramos, y encontramos una maravillosa pareja que nos ayudó. Fueron los Pastores, Javier y Cynthia Buelna de la Iglesia Restauración Total Los Ángeles. Se convirtieron en nuestro grupo de apoyo. Tenían un matrimonio saludable y no nos juzgaban. Fueron muy honestos y realmente nos amaban. No importaba lo que dijéramos o lo que hiciéramos, sus expresiones faciales no cambiaban y sus sentimientos hacia nosotros, tampoco. Continuaron amándonos incluso cuando nos decíamos cosas duras en voz alta. Nos escucharon y nos ayudaron a limpiar el desastre. A veces nos exhortaban cuando lo necesitábamos. Otras veces simplemente nos dejaban llorar y nos tenían en sus brazos cuando sentimos que no podíamos continuar. Nos reuníamos con ellos una o dos veces por semana a menos que fuera una emergencia, o sea, cuando estábamos a punto de rendirnos. A veces, terminábamos en su casa hasta las dos de la mañana. Nunca se dieron por vencidos. Ellos no ganarían ni perderían nada si nuestro matrimonio terminaba, pero sus corazones estaban decididos a ayudarnos. Nos dieron su tiempo y su corazón porque creyeron en nosotros y en lo que Dios podría hacer en nuestra familia. Eso nos ayudó a creer en nuestro matrimonio.

Un año después, Abel y yo renovamos nuestros votos en Hawái y le dimos importancia a cada palabra que nos decíamos. Ahora estamos en un matrimonio saludable y amoroso. Después del cielo y el infierno por los que Abel y yo hemos pasado, lo elegiría de nuevo como esposo. Sé que él me elegiría a mí también. Aprendimos la resolución correcta de conflictos y, aunque no siempre lo hacemos bien, elegimos amarnos cada día. No somos un matrimonio fallido ni un matrimonio perfecto; Solamente somos una pareja que acabábamos de pasar por una temporada realmente difícil. Gracias a Dios, pudimos superarlo con nuestro grupo de apoyo. Ocasionalmente, seguimos acudiendo a ellos para hacer preguntas y hacernos responsables de nuestras acciones, y nos recuerdan de las herramientas que tenemos que usar para continuar un matrimonio saludable. Fue difícil abrirse a alguien, pero fue la mejor decisión que tomamos Abel y yo.

Ninguna Relación Es Perfecta

Los conflictos y desacuerdos en las relaciones son normales. Ninguna relación es perfecta; Ni en el amor, ni en nuestras amistades, ni en las "familias". Todos atravesaremos algo y muchas veces esos conflictos son lo que nos acerca más si los manejamos de una manera respetuosa y amorosa.

No me comprometeré con alguien a menos que ya hayamos tenido un conflicto. Necesito saber cómo vamos a resolver los problemas. No llamo a nadie amigo o amiga ni tengo una relación intima con nadie a menos que ya hayamos superado un desacuerdo. Se supone que las relaciones no deben de tener conflicto. Pero esa no es la verdadera definición de una relación. Las relaciones incluyen de todo ya que son dos personas completamente diferentes las que se unen. Ya sea una hermana, primo o compañero en la vida. No tengo que estar de acuerdo con todo lo que hace mi esposo y aunque yo adoré a mi hermana, no siempre estuve de acuerdo con todo lo que ella hacía y encontré la manera de decírselo. Siempre hay un tiempo, una manera, y un lugar para la verdad. Tenía que encontrar la forma de expresar mis sentimientos, mis opiniones y de decirle la verdad sin ofendérla. Los conflictos y los desacuerdos pueden darte los mayores avances en tus relaciones. Aprende a tener una resolución de conflicto saludable. Eso es lo que salva matrimonios, amistades. y cualquier relación que tengas. Las relaciones perfectas son una falsedad. Mostrar tus imperfecciones, errores y horrores, es una de las cosas más aterradoras que puedes hacer cuando amas a alguien, pero también ayudan a construir una base firme para la relación. La transparencia honra la relación y la vulnerabilidad te acerca más a tú ser querido.

Grupos De Apoyo

Tener un grupo de apoyo no es algo de lo que tengas que de avergonzarte. Mucha gente piensa que cuando pides ayuda estás siendo débil, pero lo opuesto, es cierto. Se necesita valor para decir que tu vida está en ruinas. Nunca es demasiado temprano para pedir ayuda, incluso si tienes malos pensamientos o te sientes deprimida. Hubo momentos en mi vida en los que quise suicidarme y desearía haber sido lo suficientemente fuerte como para pedir ayuda. Los amigos tuvieron que buscarme en baños o cuartos oscuros por la gracia de Dios. Cómo desearía poder recuperar ese tiempo y no haberlos lastimado a ellos, ni a mí misma. La Biblia dice en Eclesiastés 4:12, que dos es mejor que uno y que un cordón de tres cuerdas no se rompe fácilmente. Jesús envió a sus discípulos en grupos de dos o más, para que pudieran compartir el peso, los dolores y las exigencias del ministerio. Nunca es demasiado pronto para decir esa palabra de cinco letras: ¡Ayuda!

Deberías dirigirte a personas que te comprendan aunque no entiendan del todo tu situación porque nunca la han vivido en carne propia. La comprensión, en el sentido de que no te juzguen ni te humillen. El principal problema que tenemos hoy, en nuestra sociedad, es que queremos saberlo todo y queremos estar siempre en lo correcto. Busca a alguien que sea un "sabelo todo". Ve a alguien que sea compasivo, comprensivo y empático. Esas son cualidades de un buen oyente. Es posible que no puedan solucionar tu problema, pero pueden guiarte hacia la respuesta. Tus mentores no pueden tomar decisiones por ti; están ahí para guiarte hacia las decisiones correctas.

Si fuiste abusada sexualmente o si estás pasando por violencia doméstica con tu cónyuge, es posible que tu grupo de apoyo no pueda reparar tu matrimonio o arreglar tu pasado, pero te brindarán opciones que nunca has considerado; tal como terapia o rezar contigo pidiendo por tu sanidad. Podrían ayudarte a hacer las maletas y a mudarte de ese hogar abusivo. Ve a alguien que no te tenga lástima, eso no te va a ayudar a avanzar hacia adelante. La compasión toma acción. A veces no puedes hacer esos movimientos por tu cuenta y para eso sirven los grupos de apoyo. Eso significa que necesitas esa mano de ayuda en ese momento.

Historia De La Biblia: Marcos 2: 2-4
*"Pronto la casa donde se hospedaba estaba tan llena de visitantes que no había más espacio, incluso fuera de la puerta. Mientras que predicaba la palabra de Dios a ellos, **cuatro hombres llegaron llevando un paralítico en una estera**. No pudieron llevar a Jesús a causa de la multitud, por lo que cavaron un agujero en el techo por encima de la cabeza. Luego bajaron al hombre en su estera, justo delante de Jesús. Al ver su fe, Jesús le dijo al paralítico: "Hijo, tus pecados te son perdonados."*

Ahora aquí hay un gran ejemplo de un grupo de apoyo. Cuatro amigos que llevaban a su amigo paralítico a Cristo. Cristo estaba enseñando en una casa y el hombre paralítico no pudo llegar a El. La razón principal por la que el hombre no pudo llegar a su sanidad fue porque no podía mover sus brazos y sus piernas físicamente. En la casa donde Jesús estaba predicando, no había espacio adentro ni afuera; como de costumbre, había una multitud. Para una persona paralizada, le hubiera sido imposible hacerlo solo. Tenía cuatro amigos que lo amaban tanto que no lo iban a dejar como estaba. Sus amigos iban a llevarlo allí sin importar lo que fuera necesario. Los cuatro recogieron a su amigo, lo llevaron al techo de la casa, hicieron un agujero en el techo, y luego lo colocaron desde el techo justo en frente de Jesús. No sé si el paralítico tenía fe, pero sus cuatro amigos tenían suficiente fe para que él moviera a Cristo a sentir compasión y a sanarlo. Como mínimo, se permitió ser ayudado y no peleó el proceso, sin importar lo poco convencional que pareciera. Rodéate de personas que tienen fe por ti y en Cristo. Escucha a tus mentores. Unos matrimonios fallan, no porque el mentor fuera inadecuado, sino porque la pareja no obedeció o no dio todos los pasos necesarios. No modifiques los pasos ni tomes atajos. No sigas tu propio entendimiento emocional, sino más bien escucha la razón. Todos nosotros nos hemos encontrado en una situación desesperada. Ya sea depresión, una relación rota, nuestro pasado o nuestro estado económico, nuestra situación puede parecernos sin esperanza, pero nunca te des por vencida. Rodéate de personas que crean en ti y que tengan una visión clara. Nuestras emociones nublan nuestra vista y a veces nos roban nuestra fe. Si tienes un buen grupo de apoyo que tiene fe y que dará los pasos necesarios cuando no puedas tomar las medidas por tu cuenta, tus posibilidades de liberarte aumentarán drásticamente. Allí mismo, frente a Jesús, el paralítico fue sanado. Él se levantó y caminó. Tú y yo necesitamos amigos así. Tú y yo necesitamos ser un amigo así. Cuando somos fuertes y nuestros amigos son débiles, vamos a recogerlos y llevarlos a Cristo. No sabemos cuándo podríamos encontrarnos en un lugar débil y necesitaremos esos mismos amigos para guiarnos después.

Historia De La Biblia: Proverbios 13:20

"El que anda con los sabios se hace sabio, pero el compañero de los necios sufrirá daño."

Todos hemos escuchado el dicho: *"dime con quién andas y te diré quien eres"* y creemos que solo son dichos sin sentido. Creemos que podemos pasar el rato con personas negativas y no nos va a afectar. Cuando nuestro estado de animo esta fortalecido, quizá no nos afecte, pero cuando no sentimos débiles, somos más vulnerables. Si te encuentras con los imprudentes, los insensatos, los malsanos mental o emocionalmente, entonces serás como ellos. Ten cuidado con quién te relacionas porque en tus momentos débiles, puedes llegar a ser como ellos. Protege tu corazón protegiendo tus oídos. Las palabras que no entran por un oído y salen por el otro, pueden ir directamente al corazón. Sé selectivo con quién te relacionas, con quién tienes lazos del alma y con quién tienes relaciones íntimas. Espiritualmente, puedes sumergirte con ellos y lucharas sus batallas y tus propias batallas.

Pasa el tiempo con los sabios si quiere ser sabio. Pasa el tiempo con los prósperos si quieres prosperar. Pasa el rato con los que no salen del gimnasio si quieres tener un cuerpo en forma, porque pronto comenzaras a ser como ellos.

Comienza a buscar personas a las que puedes ayudar. Si sabes que tu amigo necesita ayuda emocional y te encuentras en un buen estado mental, tómalo bajo tu protección, pero no dejes que su estado negativo te afecte. Si eso comienza a suceder, aléjate de ese amigo. La realidad es que las personas heridas suelen lastimar a otras personas, así que no te conviertas en su víctima. No permitas que el quebrantamiento de otra persona te rompa a ti.

Al seleccionar tu grupo de apoyo, asegúrate de seleccionar a las personas adecuadas. El hecho de que las personas hayan estado en tu vida por mucho tiempo, no significa que son los candidatos correctos para brindarte orientación. Una de las cosas más difíciles que tendrás que hacer es desprenderte de la gente. No es que sean malas personas o que la relación estuvo mal todo el tiempo, pero no todos entrarán en tu próxima temporada. Algunas personas estarán en tu vida por diferentes motivos y por diferentes temporadas. Tal vez estuvieron ahí para ayudarte durante tu temporada de crecimiento, pero por una razón u otra, no están destinados ha continuar contigo en la siguiente temporada. No te hace una mala persona despedirte de alguien ni te hace ingrata ni desleal. No te rodees de alguien solo porque te vas a sentir mal si cortas a esa persona. Si se separan en el momento correcto, ambas podrían salvarse de un daño continuo. Si te quedas por las razones equivocadas, podría haber un daño indefinido.

He tenido que decir adiós a algunas de las personas que más he amado en este mundo. Tuve que romper con personas que parecían ideales, pero sabía que en lo profundo de mi alma, que no eran buenas para mí, por lo menos, en ese preciso momento. Decidí no ir en función de la opinión de la gente o de la definición de la sociedad de una buena relación, ni tampoco en función de mis propias expectativas o deseos. Debo tomar decisiones basadas en la temporada en la que estoy. A veces la gente volverá y otras veces no lo hará. Puedes tener un amigo por una temporada o un amigo para siempre, y ambas cosas están bien. Lo que no está bien, es forzar una relación por lástima o por culpa si se vuelve tóxica en tu vida.

Oración

Creador, tú me conoces mejor de lo que yo misma me conozco. Por favor, muéstrame lo que necesito, en lugar de lo que quiero. Dame la fuerza y la sabiduría para pedir ayuda. Guíame hacia la persona correcta. La persona que será sabia, que me amará, que será transparente, vulnerable y me aceptará con todo lo que traigo a la mesa. Dame un grupo de apoyo en donde no me dé por vencida y que crea en mí, incluso cuando yo no crea en mí misma. Dame un grupo de apoyo que sea honesto, que no me endulce la situación ni tire la toalla cuando oscurezca. Espíritu Santo ayúdame aprender, incluso cuando me duela tomar consejos o aun cuando no lo entienda, también ayudame a obedecer, aun cuando sea difícil. Sé que me amas demasiado como para dejarme como estoy. Decidí que quería transformar, comenzando con mi mente. Me quito mi poder y tomo la decisión de ser arcilla porque no quiero ser de piedra, incluso si es tan hermoso como el mármol. Elijo ser arcilla que se puede moldear en una obra maestra que crearás. Entiendo que necesito gente. Necesitar a los demás no me debilita; me hace sabio. Padre, sé que debo despedirme de algunas personas. Ayúdame a usar las palabras correctas. Dame la fuerza para soltarme. Si lo deseas, entonces tal vez algún día pueda traerlos de regreso cuando esté lista y cuando estén listos. Si nunca vuelven, les agradeceré el tiempo que compartimos juntos. Al traerme a mi próxima temporada, entiendo que algunas personas no estarán conmigo. Bendice a esas personas mientras van por un camino diferente, trae gente nueva a mi vida que será buen apoyo y ayuda para mí, y rezo para que también los bendigas. En el nombre del Señor Jesús. Amén.

Parte2

Salir De La Oscuridad

6

Usa Tu Voz

La única manera de encontrar la verdadera felicidad es arriesgarse a ser completamente mutilados internamente.
- Chuck Palahniuk

Compartir nuestros secretos más íntimos es difícil para todos nosotros, especialmente cuando ese secreto nos causa vergüenza. Muchas veces cuando encontramos el valor para hablar con nuestra familia, nos obligan a permanecer en silencio porque ese secreto podría empañar su reputación. Lo que ellos no entienden, es que si no confrontamos y lidiamos con nuestros problemas, continuarán obsesionándonos por el resto de nuestras vidas. Aunque podemos esconder nuestros sentimientos alejados de ellos, es algo que nos atormenta a diario. Nuestro dolor interno no desaparece cuando lo ignoramos. Terminamos lidiando con nuestro dolor en silencio con alcohol, drogas, sexo y otros "analgésicos", pero finalmente el dolor nos alcanza. La razón por la que es tan difícil para nosotros compartir nuestra historia es porque nos llena de vergüenza y de temor a ser juzgados.

Según el FBI, el "*abuso sexual infantil (como la violación) es uno de los delitos menos denunciados. Solo entre el 1% y el 10% de los delitos se denuncian*". Permitiendo a los abusadores a que continúen victimizando a mas niños inocentes. Cuando hablamos, recuperamos nuestro poder y nos negamos a permitir que el perpetrador continúe lastimándonos a nosotros y a los demás. Podemos perdonar a nuestros abusadores, pero también debemos reconocer que son un peligro para la sociedad. No deben continuar por la vida expuestos a niños inocentes que también pueden ser lastimados. La parte más aterradora es que la mayoría de los niños que son abusados, han conocido y amado a sus abusadores. La Encuesta de Diana Russell realizada en 1978, informó que "*el 89% de las agresiones sexuales a menores involucraron personas conocidas por el niño, como un*

cuidador, un familiar o un conocido cercano". Estos actos atroces no solo dejan al niño herido sino también confundido. Todos a partir de ese momento, se convierten en posibles abusadores del niño, afectando al niño, a la familia y a la comunidad en general. El abuso sexual no es un crimen en una sola persona; otros son victimizados indirectamente cada vez.
Lamentablemente cuando se denuncian esos casos, los abusadores huyen por temor a ser encarcelados y tengan el estigma de una reputación de pederastas registrados. Según el presidente del Centro Nacional para Menores Desaparecidos y Explotados, *"hay 400,000 delincuentes sexuales registrados en los Estados Unidos y se estima que 100,000 de ellos están desaparecidos. Se supone que deben estar registrados, pero no sabemos dónde están, y no sabemos dónde viven."* No importa qué difícil sea hablar, vale la pena por su sanidad y la protección de otros niños. Como todos sabemos, los abusadores no solo nos roban nuestra infancia, sino también toda una vida de tranquilidad. No permitamos que otro niño pierda su alegría e inocencia. Juntos, podemos hacer un impacto.
Trino amenazó con matar a mi hermana cuando yo era una niña inocente. Él me asustó forzándome a permanecer en silencio, robándome mi voz y mi potencia. Estaba angustiada a los ocho años de edad. Cambió todo el curso de mi vida. De repente, estaba condenada al silencio y al miedo. Me juré a mí misma para salvar la vida de mi hermana, que soportaría el dolor yo sola, incluso si eso significaba morir por dentro. La palabra de Dios en la vida dice que cuando guardamos un secreto, comienza a consumir nuestros huesos. Salmo 32:3 Tenía 8 años y mis huesos comenzaron a consumirse, y finalmente, me sentí como si hubiera vivido 100 años de dolor.
Cuando tenía 16 años, Trino amenazó con tomar la custodia completa de sus hijos. Inmediatamente me invadió el temor de que también fuera a abusar de ellos y en ese momento, sabía que mi silencio era mas peligroso, así que me fui a la segunda opción que tenía. A veces, tienes que hacer lo contrario de lo

que siempre has hecho, para obtener el resultado deseado. El silencio me había causado dolor y ahora estaba lista para hablar porque no quería que los hijos de mi hermana pasaran por lo que yo había pasado. No sabía cómo iba a contarle a mi familia, pero sabía que tenía que hacerlo.

El día que decidí hablar, recuerdo haber estado en mi sexta clase y elegí el amor sobre el miedo. Cuando salía de la escuela, seguía diciendo, "*hoy es el día*", y cada paso que daba para llegar a la oficina de mi hermana, me volvía más y más fuerte. A veces, solo das un paso delante del otro y Dios hace el resto. Cuando finalmente llegué a la oficina de Jenni, me sentía aliviada porque sabía que tenía que decirle algo importante. Tal vez fue la expresión de mi cara o tal vez lo sintió por dentro. Tal vez fue el profeta que habló en la iglesia sobre el abuso sexual en mi vida un mes antes, y los casos de abuso sexual que escuchamos afectan a amigos y familiares que nos rodean. Dios hizo que el universo conspirara a mi favor y nos dio a mi hermana y a mí la oportunidad de hablar porque era hora de que la verdad saliera a la luz. Siempre estuvimos muy cerca, y ella podía sentir cuando no estaba bien. La primera pregunta que me hizo fue si alguien me estaba lastimando. Me hizo la pregunta perfecta porque no me culpó y pude responder con un simple sí o no. Le dije que sí. Ella preguntó quién era, y no pude decir su nombre. Ella delicadamente siguió adivinando nombres, nunca imaginándose que había sido su primer marido. Finalmente le dije que era alguien muy cercano a ella e inmediatamente supo que era Trino. Una vez que confirmé que era él, dejó escapar un fuerte grito y empezó a llorar con gran histeria. Sentí su corazón qubrantars y la abracé y las dos lloramos juntas. Decirle a mi hermana fue una de las cosas más difíciles que he tenido que hacer, pero era necesario para que Trino dejara de abusar de otros niños, incluyendo a los suyos. No lo sabía en ese momento, pero hablar también era necesario para mi sanidad. Ayudar a los demás es importante, pero debes hacer de tu sanidad una prioridad.

Dile a la persona adecuada

Cuando decidas hablar, debes decirle a alguien en quien confíes y que tome medidas que te beneficien. Tiene que ser alguien fuerte y que realmente te ame. Sabía que mi hermana me iba a creer y que me amaría por habérselo contado. Jenni y yo habíamos construido una relación sobre una base de amor sincero. Tenía que dejarla entrar. Tenía que ser vulnerable y transparente. Que ella me creyera, realmente me ayudó a sentirme libre de remordimientos y de culpas. Sentí como si una bolsa de ladrillos se estuviera quitando de mi pecho y un gran peso se levantó de mis hombros. Por fin podría volver a tener 16 años. Ya no tenía que proteger el mundo. Finalmente me sentí libre del estrés que era demasiado pesado para llevar sola.

Pedir ayuda generalmente se asocia con ser débil, pero en realidad es todo lo contrario. Cuando pedimos ayuda, somos fuertes. Estamos haciendo lo correcto, para sobrevivir.

La persona a la que le cuentes tu problema, quizá no podrá solucionarlo y puede que no tenga las respuestas que necesitas para sanar, pero puede darte una mano para que puedas volver a levantarte. Ya no estarás sola con tu dolor. Ya no serás un poseedor secreto o protector de los demás; Podrás ser solo tú. Tienes que volver a ser solamente quien eres, porque eso es lo que Dios quería que fueras desde el principio. Hablar tendrá sus consecuencias y momentos difíciles. No hará que todo sea automáticamente perfecto, pero tendrá grandes recompensas. Después de decirle a Jenni, ella inmediatamente le contó al resto de mi familia e hizo un informe policíaco. Estaba aterrorizada y avergonzada de que todos lo supieran, pero comprendí que ella estaba haciendo movimientos que me beneficiaran y que caminaría conmigo en el proceso. Cuenta tu secreto con el propósito de sanar y no de dar lástima. La lástima observa, mientras que la compasión toma acción. Dile a alguien que te ayudará a tomar las decisiones difíciles para tu sanidad.

Cuando No Te Crean, No Lo Tomes Personal

Algunos de ustedes ya se han abierto a su madre o padre y no les han creído. Sé lo difícil que puede ser. Los psicólogos dicen que cuando los padres no les creen a sus hijos, es tan doloroso como el abuso sexual. Debido a que sus padres tienen una mayor responsabilidad en su vida, la expectativa de apoyo es alta. Cuando fallan en apoyar a sus hijos, hay un daño grave para el niño. Muchos niños se sienten molestos con sus padres, especialmente con los padres que lo acercaron al pedófilo. Odiar a tus padres por no creerte, no es saludable. Debes retomar tu poder y perdonarlos para que puedas vivir en paz. Cuando le decimos a nuestros padres, les damos segundos para procesarlo y sus reacciones pueden no ser siempre lo que esperamos, pero tenemos que encontrar en nuestros corazones para perdonar y seguir adelante. Cuando eso suceda, debes continuar hablando sobre ello y alguien te creerá. Si todo lo demás falla, Dios te creerá porque Él conoce la verdad. No tienes que demostrar la verdad; la verdad se probará a sí misma con el tiempo. Es una promesa de la palabra de Dios que todo saldrá a la luz. Deja la prueba a Dios, mientras busca la sanidad.

Decirle a tus padres puede ser lo más difícil de todo. Le dije a mi hermana primero porque ella me amaba sin importar lo que le dijera. A veces tienes que decírselo a un amigo, mentor o pastor antes de que puedas llegar a decírselo a tus padres. Puede ser esa mano que necesitas para acompañarte a decírselo a tus padres. Algunas veces tus padres necesitarán fuerza de ti, aunque tu necesites de ellos. Sé paciente con ellos. Si te hacen un millón de preguntas, intenta responderlas. Pueden estar incrédulos porque no entenderán cómo no se dieron cuenta. Ellos sentirán que es su culpa. Ellos también sentirán un dolor profundo. Son víctimas indirectas del abuso.

A veces, puedes sentir que tus padres no te creerán porque piensas que no te quieren. Cuando no te amas a ti misma, es difícil creer que alguien pueda amarte, especialmente las personas que están más cerca de ti. Muchos entran en la conversación con una mentalidad defensiva y sabotearán la conversación. Ten una mente comprensiva y mantente preparada para todo tipo de reacción.

Cuando decidas a quién contarle, piensa en quién en tu vida ha sido leal, fuerte y te ha amado con todos tus defectos. Diles a ellos primero. Este no es el momento de tratar de proteger a los demás del dolor de la verdad. Este es el momento de liberarte y convertirte completamente en lo que Dios quiso que fueras.

Muchas veces, al tratar de salvar a otros, nos perdemos a nosotros mismos. Cada vez que viajo en avión, me acuerdo de esto. El video de seguridad que muestran al principio de un vuelo, sobre el avión perdiendo presión de aire, confirmó mis pensamientos sobre la sanidad. En dicho video te enseñan a ponerte la máscara de oxígeno antes de intentar ayudar a otra persona. Sé por un segundo que parecería una práctica egoísta, especialmente si hay otra persona menor o incapacitada para ayudarse a sí misma, pero si intentas ayudar otra persona antes de que estés en un estado saludable, corres el riesgo de que ambas mueran. Ese video me ayuda a recordar que debo enfocarme en mí misma primero o no seré capaz de ayudar a nadie más. Estaba tratando de ayudar al mundo sin cuidarme primero, y me estaba muriendo. Al morir, estaba lastimando a aquellos a quienes yo misma estaba tratando de salvar. Es un ciclo destructivo. Tal vez ya eres una madre y piensas que yendo al trabajo o poniendo comida en la mesa, será suficiente, pero por dentro estás muriendo como yo. Si no estás emocionalmente sana, no puedes enseñarle a tus hijos a ser emocionalmente sanos. Como madres, tratamos de evitar que nuestros hijos sientan dolor, pero debemos cuidarnos o inevitablemente les ocasionaremos dolor a largo plazo.

Cuando se trata de nuestros padres, necesitamos saber que no serán destruidos por la verdad. Ellos podrán sobrevivir. Si te mantienes callada, ese secreto puede auto-destruirte. No has sido destinado a ser la salvadora del mundo. Solo hay un salvador y ese es Jesucristo. No pongas esa presión sobre ti misma.

Las consecuencias no deberían impedirte hablar

Hablar traerá consecuencias. Estuve aterrorizada la mayor parte de mi vida de que mis hermanos o mi hermana mataran a Trino, y no era porque yo quisiera a Trino. De hecho, lo odiaba y quería que pagara por lo que me hizo, pero no quería ser la razón por la que ninguno de mis hermanos fuera a la cárcel. Había sufrido suficiente dolor. No pensé que pudiera soportar más.

Tu familia puede separarse porque era tu tío, y tu tía no puede soportar la verdad. Quizás fue tu abuelo y tus padres sufrirán, pero no es tu culpa. La culpa es solo de una persona y ese es el abusador. La vergüenza no debería recaer sobre ti o tu familia. Mientras permanezcas en silencio, la vergüenza permanecerá sobre tus hombros.

Tuve una tía que no me creyó y me rompió el corazón. Ella decidió creerle a Trino. Me enojó tanto y la odié durante años. Creía que la sangre era más espesa que el agua. Tristemente, ella no sintió lo mismo. Odiarla no me sanó ni me hizo justicia. Ella simplemente ignoraba la verdad. No iba a dejar que su ignorancia cambiara mi corazón, en lugar de eso, dejé de enojarme y la perdoné. Si le dijiste a alguien y ellos no te creyeron, déjalo o te causará más dolor. Su incredulidad dice más sobre su debilidad y su incapacidad para manejar la verdad, que lo que dice acerca de ti. Su incredulidad no te hace una mentirosa; simplemente desafía su propia fuerza para asimilarlo.

Las consecuencias para el abusador no son tu culpa. Cuando hablas y te preguntan por qué tardaste tanto, cuéntales acerca de las amenazas o de tus propios temores para que entiendan por completo tu silencio. Muchos no te entenderán. Algunos dirán que habrían hablado antes, pero es porque ellos mismos no lo hicieron.

Después de años de buscar a Trino, finalmente se ha hecho justicia. Está en la cárcel por 31 años a vida sin la posibilidad de libertad condicional, e incluso entonces, eso no quitó mi dolor.

Tu familia pensará que lastimar al abusador te sanará, pero no lo hará. Sí, me siento bien de que haya justicia para mí y que por poder hablar, él nunca podrá lastimar a otro niño, pero el hecho de que esté en la cárcel, no me alivia.

Cuando le cuentes a tu familia, surgirán muchas preguntas y desearas estar preparada. Espera que se enojen con la situación; Eso es normal. Diles lo que quieres que suceda a continuación, para que no lleguen a sus propias conclusiones. Diles que quieres justicia y no venganza. El propósito es detener al abusador, no lastimar lo. Muchos abusadores fueron ellos mismos abusados sexualmente mientras crecían y están siguiendo un patrón tóxico que debe ser detenido. Necesitan ser retirados y necesitan ayuda. Guía a tu familia sobre cómo ayudarte. La prioridad de hablar es curar y restaurar a la víctima y, en segundo lugar, disciplinar al abusador mientras le pides a Dios una guía para ambos.

Historia De La Biblia Lucas 8:42-48

"Ahora había una mujer que había estado sufriendo de hemorragias durante doce años; y aunque había gastado todo lo que tenía en médicos, nadie podía curarla. Ella se acercó por detrás y tocó el borde de su ropa, e inmediatamente su hemorragia se detuvo. Entonces Jesús preguntó: "¿Quién me tocó?". Cuando todos lo negaron, Pedro dijo: "Maestro, las multitudes te rodean y te presionan". Pero Jesús dijo: "Alguien

*me tocó; porque noté que el poder había salido de mí. "Cuando la mujer vio **que no podía permanecer escondida**, ella vino temblando; y cayendo ante él, **ella le contó toda la verdad**. Él le dijo: "Hija, tu fe te ha sanado; ve en paz."*

Cuando Jesús preguntó quién lo tocaba, aunque la mujer estaba temblando, ella habló y le dijo toda la verdad. Estaba aterrorizada y temblando, pero sabía que este era un paso que tenía que dar. Ella podría haberle mentido a la multitud y a Jesús, pero ella decidió tomar una posición. Sabía que no podía decir una verdad parcial. A veces, cuando piensas en tu historia, dejas fuera parte de ella, pero tienes que decir toda la verdad. El abusador tuvo la culpa de abusar sexualmente de ti, pero hubo algunas decisiones que tu misma tomaste de las que debes responsabilizarte. Yo culpaba a Trino por mi consumo de drogas, por ser promiscua y por mi aborto, pero tenía que asumir la responsabilidad de mis acciones si quería ser restaurada. He cometido errores en mi vida y es menos probable que los repita una vez que me di cuenta de la profundidad del daño que causé a los demás y a mí misma. Aceptar la responsabilidad es la clave. La decisión de tener un aborto fue mía y de mi pareja, pero incluso así, tuve la última palabra porque era mi cuerpo. No podría mentirle a Jesús y culpar a nadie más. Es esencial decirle a Dios la verdad completa porque Dios no puede sanar o transformar a quien pretendes ser; Él solo puede transformar lo que realmente eres. Fue porque la mujer dijo la verdad completa que estaba sana. Cuando la mujer con la hemorragia tocó su manto, obtuvo su sanidad física, pero Jesús sabía que necesitaba sanidad interna. Cuando decidió contarle a Jesús toda la verdad, vio que había perdido su identidad. No solo era su dinero, su marido, sus hijos o su posición en la sociedad, sino que también se había perdido a sí misma. Estoy segura de que has sentido que no sabes quién eres o quién hubieras sido, como ella. Perdiste tu corazón y olvidaste dónde lo dejaste. Debes decirle a Dios toda la verdad

y él te dirá dónde dejaste tu corazón y dónde podrás encontrarte.
Jesús llamó a la mujer y le dijo: "*tu fe te ha sanado, vete en paz*". Se había roto en mil pedazos antes de venir a ver a Jesús y porque asumió el mayor riesgo de su vida para contarle toda su historia, Él le dio vida a cambio. Esta es la única vez en la Biblia que Jesús llama a alguien hija. Sabía que ella necesitaba redimir su identidad. Sé que has olvidado quién eres y has cuestionado por qué estás aquí. Cuando le dices a Jesús toda la verdad, Dios te recordará quién eres y por qué te envió. Así es como recuperarás tu poder. Te quitaron el poder cuando robaron tu voz y tu identidad. Una vez que entregues tu vida a Dios, te darás cuenta del poder que tienes dentro de ti y serás imparable e inquebrantable.
Después de este encuentro, la mujer en la Biblia sabía que sin importar qué obstáculo se presentara, ella podría superarlo porque ella contó toda la verdad y recuperó su poder. Sabía que sin importar lo que le sucediera en el futuro, podría volver a levantarse porque sabía que era la hija del Altísimo.

Una vez que hayas sanado del dolor del abuso sexual, enfrentarás tragedias, nuevamente. Cuando perdí a mi hermana Jenni, pensé que iba a morir. Mi corazón se rompió. Pensé que me perdí de nuevo y durante tres años, estaba enojada. Tan pronto como hablé de ello con Dios, Él reparó mi corazón y lo puso de nuevo en mi pecho, y pude respirar nuevamente. Dios me recordó que mi hermana está en el Cielo. Ella se había reconciliado con Él días antes de su muerte, y aunque perdí a mi mejor amiga, Él tuvo la victoria sobre la muerte cuando resucitó, y algún día volveré a verla. Todos experimentaremos muchos momentos oscuros que nos derribarán, pero saber que soy una hija de Dios, me da la fuerza para volver a levantarme. No sé los desafíos que depara el futuro. Puedo experimentar más pérdidas, pero sé que no soy una perdedora. Soy una hija de Dios, y eso me da el poder de sobrevivir cualquier cosa.

Puedo mirar hacia el futuro sin miedo, sin importar lo que contenga.

Cada situación es diferente, y no podemos poner normas sobre la oscuridad. Nunca es demasiado temprano y nunca es demasiado tarde para sanar. No compares tú proceso con el de otra persona. No pienses que porque ha pasado demasiado tiempo, que ahora es demasiado tarde para sentir alegría. La alegría después del abuso o la tragedia es posible y está disponible para ti.

Durante mucho tiempo me odié a mí misma porque mantuve ese secreto y cuando descubrí que Trino comenzó a abusar de Chiquis, me sentí tan culpable por no haber hablado antes. Pensaba que si lo hubiese hecho, tal vez no hubiera sido abusada. Me odié por tanto tiempo, pero tenía que entender que solo era una niña tratando de sobrevivir. Los niños no están destinados a tomar esas decisiones vitales. Ahora ya no me culpo a mí misma. Le agradezco a Dios que, a pesar de que fue nueve años después, lo hice. No hay demasiado pronto o demasiado tarde. No lo cuestiones ni lo pienses demasiado, solo hazlo. Si sientes que está en tu corazón hablar, hazlo en ese mismo momento. El Espíritu Santo guía nuestras mentes, nuestros cuerpos y nuestro espíritu. Debemos escuchar y no callar esa pequeña voz interior que nos dice que debemos liberarnos del miedo.

Reto
Quiero desafiarte a hablar para que puedas comenzar a sanar. Va a ser lo más difícil que tendrás que hacer, pero puedo garantizar que te liberará. Una vez que arrojas todos esos sentimientos negativos, estas haciendo espacio para sentimientos positivos. A continuación se detallan los pasos que puedes seguir para comenzar a sanar. Recuerda que hablar es un proceso, así que se paciente contigo misma.

1. Escribe. Después rompe lo escrito, si es necesario.
2. Llama a una línea directa o envíale un mensaje a alguien con una historia similar. Muchas veces es más fácil decirle a alguien que no conoces personalmente.
3. Cuéntalo a alguien de tu confianza. Puede ser un amigo, una hermana o un pariente cercano.
4. Confiesa la verdad a tus padres y / o a tu cónyuge.
5. Busca justicia para evitar que el abusador lastime a otros niños.

7

Toma Responsabilidad Por Tus Acciones

Eres responsable de tu vida. No puedes culpar a otra persona por tú propia disfunción. La vida se trata de seguir adelante.
-Oprah Winfrey

Cuando cometemos errores, la gente tiende a culpar a los demás para evitar la admisión de culpa. Evitamos la responsabilidad cuando basamos nuestro valor en nuestras acciones y queremos salvarnos de un ego herido, incluso cuando es a expensas de los demás. Cuando no reconocemos nuestros errores, seguimos repitiéndolos y no aprendemos la lección. Asumir la responsabilidad es la característica de un líder. Cuando culpas a alguien por todo en tu vida, renuncias a tu posición de líder de tu vida y se la das a ellos. Echarle la culpa a los demás por todo, hace que sea imposible crecer y evolucionar hacia las mejores versiones de nosotros mismos. Durante muchos años, culpé a Trino por mis adicciones. Sentí que era su culpa que bebiera, consumiera drogas y que fuera promiscua. No fue hasta que finalmente asumí la responsabilidad de mis acciones cuando las adicciones se rompieron y comenzó mi transformación.

Además de mis adicciones, nunca me responsabilicé de mi actitud. Estaba enojada con el mundo y no me costaba mucho maldecir a alguien. Estaba herida y por eso, estaba lastimando a los demás. Finalmente me cansé de estar amargada y enojada y decidí a cambiar. Fue difícil asumir la responsabilidad de mis acciones, pero al final fue algo que sabía que tenía que hacer. Estaba cansada de ser una víctima. Estaba cansada de lastimar a los demás y a mí misma. La vida es un 10% de lo que te sucede y un 90% de cómo reaccionas. No importa qué tan mal te trate alguien, eso no te da derecho para que bebas, consumas drogas, seas promiscua o para que te portes mal con los demás.

El Dalai Lama afirma que "*cuando piensas que todo es culpa de otra persona, sufrirás mucho. Cuando te des cuenta de que todo brota solo de ti, aprenderás paz y alegría.*" Recuerda que cada decisión que tomamos tendrá un resultado positivo o negativo, y si queremos tener una vida alegre, tenemos que asumir la responsabilidad de nuestras acciones y tratar a los demás de la forma en que queremos ser tratados. La Regla de Oro fue pronunciada por primera vez por Cristo en la Biblia a sus discípulos y todavía se aplica a nosotros el día de hoy.

Tenía 24 años y estaba en el paseo marítimo de Santa Mónica. Alguien estaba saliendo del estacionamiento y casi me golpean. Era una mujer y nunca olvidaré su cara. Empezamos a gritarnos una a la otra. No recuerdo quién comenzó a gritar primero, pero probablemente fui yo. Recuerdo que ambas estábamos en nuestros autos en un estacionamiento y estábamos gritando muy recio. Ella estaba sobrepasada de peso, y yo acababa de rebajar. Estábamos tan enojadas que queríamos herirnos una a la otra con nuestras palabras. Estábamos usando nuestras lenguas como cuchillos. Yo era una profesional en usar mi lengua como espada y podía lastimar a la gente muy profundamente. La miré y le dije: "*si me pareciera a ti, nunca saldría de mi casa*". No sé como se sintió ella, pero sé que le dolió porque dejó de gritar y se alejó. Normalmente salgo satisfecha, pero esa vez me sentí destrozada por dentro. Hasta el día de hoy, pienso en ella y me gustaría tenerla en frente para pedirle disculpas. Sabía que la había lastimado profundamente y me sentí mal por eso. Mirando hacia atrás, no valió la pena el lugar de estacionamiento o el daño que le hubiera pasado a mi auto. Sabía que le había dañado el alma a esa mujer con mis palabras y me sentía terrible. Conduje a casa llorando y pensando: "*¿Por qué le haces esto a la gente?¿Por qué crees que está bien herir a la gente tan profundamente?*"

Recuerdo lo que era ser una "niña sobrepasada de peso". Recuerdo que no quería salir de mi casa porque me sentía fea y gorda. Cuando mis amigos me invitaban a salir, iba, pero siempre estaba de mal humor porque mi autoestima estaba muy baja y temía al rechazo de los extraños. Sentí que nada se veía bien en mí y me quedaba sentada mirando a los muchachos que sacaban a mis amigas a bailar. Ahora entiendo que sabía cómo lastimar porque otros me habían lastimado de la misma manera. En lugar de unirnos contra nuestros agresores, nos atacamos unos a otros para sentirnos mejor con nosotros mismos. Es un ciclo vicioso donde todos terminan con heridas. Ese día fue cuando decidí que iba a comenzar a asumir la responsabilidad de mis acciones y que quería transformarme. No quería ser la persona que lastimaba a los demás porque me habían lastimado a mí. Desde ese día en adelante, comencé a asumir la responsabilidad de mis acciones.

La gente dañada, daña a otros

Estaba enojada y amargada, y me desquité con otras personas. Usaba mi lengua para maldecir a las personas en lugar de bendecirlas. Eso ya no se sentía bien en mi corazón. Sabía que no se lo merecían. Incluso si esa mujer hubiera golpeado mi auto, no se merecía lo que le dije. Empecé a pensar en todas las veces que había sido grosera y mala con la gente, y me pregunté si realmente se lo merecían. Pensé en camareras, las gente que trabaja estacionando autos, profesores, amigos, enemigos, familiares, novios y todos los demás a los que había lastimado durante todo este tiempo. Había sido tan grosera por tanto tiempo y casi ya no me reconocía a mi misma. Tuve que dar un paso atrás y analizar mis acciones. Entonces comencé a pensar en el resto de mi vida. Me pregunté a mí misma: "*¿Por qué bebes tanto? ¿Por qué fumas tanto? ¿Por qué te vistes así?* "Empecé a analizarlo todo y cada vez que me respondia a mi misma, culpaba a Trino. Nunca asumiendo la responsabilidad de mis acciones, decía: "*Si Trino no hubiera abusado* *sexualmente de mí, no sería promiscua, no tendría sobrepeso, no sería mala con los demás"*, y la lista continúaba. Yo no estaba creciendo. No me estaba convirtiendo en la mujer que Dios quería que fuera porque continuaba excusando mis acciones. Trino se había convertido en mi excusa para todo. Sabía que tenía que cambiar porque quería ser más que una simple víctima. Ya no quería usarlo como una muleta. Quería saber quién era realmente Rosie sin las excusas.

Otros me veían como amargada, enojada y mala pero yo no lo veía. Todo lo que veía era a "la pobre Rosie". Sentía que el mundo estaba endeudado conmigo porque había sufrido cuando era niña inocente ¡Me di cuenta de que el mundo no me debía nada! No me debían compensación por lo que Trino me hizo. Ni siquiera el mismo Trino me debía. Cometió un error y tendrá que pagarlo responder a Dios por ese error. Él me dañó, pero no puedo culparlo de todas mis acciones. Una vez que comencé a asumir la responsabilidad, me convertí en una persona más fuerte. Empecé a crecer de la manera que necesitaba hacerlo para recibir mis bendiciones. Me volví más sabia y comencé a tomar decisiones más saludables para mí. Tenía que tomar control de la ira. Hoy por hoy, si alguien quiere pelear conmigo en un estacionamiento, simplemente lo ignoro.

Ahora puedo decir no al alcohol, porque sé lo que me hace. Sé lo que sucede cuando empiezo a beber tres, cuatro o cinco bebidas. Pienso en la forma en que me visto. Le pregunto a mi esposo si le agrada porque ya no anhelo la atención de los demás. Ese fue el punto de partida para una nueva vida que me llevó a un nuevo nivel que nunca podría haber imaginado. Ahora soy lo suficientemente valiente para contar mi historia. Soy lo suficientemente valiente como para arriesgarme y puedo tener el valor de perseguir mis sueños. Tengo relaciones y amistades más verdaderas y profundas. Ahora realmente me amo a mí misma. Me hizo crecer y convertirme en la persona en la que siempre deseé convertirme al asumir la responsabilidad de mis acciones. Siempre supe que tenía el potencial para ser líder, y los líderes asumen la responsabilidad. No culpan a los demás por lo que han hecho. Tenía que convertirme en el líder de mi vida, mi destino y retomar el poder que Trino me quitó. Fue entonces cuando comenzó mi liderazgo.

No permitas que el dolor que te causó tu abusador hiera a los demás. En cambio, usa lo que has aprendido para ayudar a otros a elevarse durante su tiempo de sufrimiento. Ser una víctima y sufrir puede ser abrumador y muchas veces, puedes considerar quitarte la vida porque quieres que el sufrimiento pare. Tienes una opción. La Palabra de Dios en la Biblia nos dice que no tenemos un espíritu de miedo, sino más bien amor, de poder y control de sí mismo. Tienes la opción de asumir la responsabilidad de tus acciones para que lo que tu abusador te hizo, no destruya todas las relaciones que tienes en tu vida, incluyendo la relación que tienes contigo misma.

Haciendo El Cambio

Tiene que haber un cambio en tu vida en el que finalmente tomes la decisión de lidiar con el dolor del abuso y ya no lastimes a los demás por ello. La realidad es que cuando hieres a los demás siendo demasiado agresiva, también terminas lastimándote a ti mismo. Terminas sintiendo culpa y remordimiento por lo que has hecho porque en el fondo, sabes que realmente no se lo merecían y que podrías haber reaccionado de una mejor manera. La ley divina de cosechar lo que siembras, o karma, como el mundo lo llama, no se puede evitar. Todos seremos responsables de nuestro trato con los demás. La buena noticia es que aún respiras y puedes elegir cambiar tu vida el día de hoy.

El cambio ocurrió para mí cuando dejé de enfocarme en mí misma. Cuando eres una víctima, a veces te permites continuar siendo indefinidamente. Todos hemos sido víctimas en en algún momento de nuestras vidas y eso es algo que está fuera de nuestro control. Lo que si está bajo nuestro control, es permitir que alguien continúe haciendo lo.

La culpa que sentí al haber discutido con esa mujer en el estacionamiento, me hizo hacer un cambio. Por primera vez, pensé que no se trataba de lo que el mundo me había hecho, sino de lo que yo le estaba haciendo al mundo. Cambió mi forma de pensar. Si realmente deseas vivir una vida extraordinaria, debes dejar de pensar en lo que te hicieron y pensar en lo que puedes hacer por los demás. Me di cuenta de que estaba trayendo un montón de veneno al mundo, y esa nunca fue mi intención. Quería ser una persona que traía amor, paz y alegría. Sabía que tenía que cambiar.

Deja De Ser Una Víctima

Permitir continuar siendo una víctima puede ser muy egoísta. Vivir así tu vida te hará sentir muy infeliz y también hará que todos los que te rodean estén descontentos. Eventualmente, terminarás solo porque expulsarás a todos de tu vida. Realmente tienes que detener la mentalidad de enfocarte únicamente en ti misma. Inconscientemente, las víctimas siempre piensan en su dolor, enojo y abuso. La autocompasión nos ciega y no podemos ver el daño que le estamos haciendo a los demás.

Tal vez no estés enojado (a), pero tu baja autoestima te está hiriendo. Muchas veces, los efectos del abuso pueden hacer que estés callado, tímido y permitas que otros abusen de ti. Eso no es bueno para ti ni para nadie a tu alrededor. Especialmente si tienes hijos y les permites ver ese tipo de comportamiento destructivo. Comienza a volver a enfocarte en lo que te sucedió en el pasado y abre tus ojos a lo que está sucediendo ahora en tu vida. Necesitamos analizarnos a nosotros mismos y ver lo que el abuso nos ha hecho para que podamos comenzar a corregir nuestro comportamiento. Nuestro objetivo es ser la mejor versión posible de nosotros mismos.

La Vida Es 10% Lo Que Te Pasa Y El 90% Como Reaccionas

Todos hemos sido heridos en algún momento, pero no podemos permitir que ese dolor afecte toda nuestra vida. Tenemos que aprender a avanzar y a soltarlo dándose lo a Dios. No podemos controlar el 10% que nos pasa, pero podemos controlar el 90%.

Historia De La Biblia Ester 1:11

"Llevó ante él a la reina Vashti, con su corona real, para mostrar su belleza a la gente y a los nobles, porque era encantadora de ver".

El rey quería mostrar su reina. Estaba teniendo una gran fiesta que duró unas pocas semanas. La gente estaba bebiendo, comiendo y divirtiéndose. Mientras estaba haciendo eso con los Nobles, su esposa, la Reina Vashti, estaba teniendo su propia fiesta con las mujeres. Este era un tiempo para que el rey mostrara su propiedad, su oro, su reino, sus riquezas, y ahora quería mostrar a su esposa. El rey le pidió a la reina Vashti que asistiera a su fiesta solo con la corona real para mostrar su cuerpo. Ella tenía que tomar una decisión, aunque era una mujer hermosa, no quería desfilar desnuda. Vashti le mando a decir al rey que no, sabiendo que ella perdería su trono. Ahora ella es conocida como la reina que perdió su reino. Veo la historia de manera diferente. Creo que pudo haber perdido su trono, pero mantuvo algo mucho más valioso, su dignidad. En ese tiempo, si alguien desobedecía al rey, él podría matar a esa persona, pero él la perdonó porque la amaba, y en cambio, únicamente la destronó. El rey pronto encontró otra reina y es entonces cuando Ester entra a escena. La historia de Esther es muy conocida, el rey la amo, pero muchos han pasado por alto el valor de la Reina Vashti.

A través de sus acciones, ella nos enseñó que nuestro respeto por nosotros mismos y nuestra dignidad valen más que un trono, joyas y una relación. La gente puede robarte ciertas cosas, pero tu dignidad es algo que tienes la opción de regalar. La reina Vashti conocía el poder de su influencia y quería dar el ejemplo correcto. Sabía que tenía que defender a ella y a todas las mujeres de su reino. No sabemos qué le pasó a la Reina Vashti después de esta historia. La Biblia no lo dice. Lo que sí sabemos es que ella era una mujer de carácter fuerte y valiente. Ella era más que solo una cara bonita. Ella hizo una elección difícil y eso tuvo graves consecuencias. Sé que su decisión valió la pena para ella y valió la pena para nosotros. Me hace ver el valor de la dignidad y el respeto por uno mismo. Los reyes y los reinados son codiciados, pero mi dignidad vale mucho más.

Cada Decisión Que Tomas Tendrá Consecuencias

Algunas de nuestras decisiones tienen grandes recompensas y otras grandes costos. Tenemos que sopesarlo y ser paciente. Lo que debemos tener en cuenta es que los demás están mirando y debemos tomar la decisión correcta; No solo para nosotros, sino también para quienes nos rodean. Nuestros hijos, familiares, amigos y colegas que están observando y se verán directamente afectados por la mayoría de nuestras decisiones. Queremos establecer un buen ejemplo para ellos, para que también puedan tomar las decisiones correctas en sus vidas.

Aunque la Biblia no dice lo que le sucedió a la reina Vashti, sé que vivió una vida poderosa porque tenía autoestima y dignidad. Cuando defiendes lo que es correcto, te conviertes en una mujer influyente. Te conviertes en alguien que otros pueden admirar y seguir. Ella fue una pionera y líder de los derechos civiles antes de que nadie organizara un grupo.

Aunque el rey y sus consejeros pensaron que la elección que ella hizo fue la incorrecta, creo que ella tomó la correcta para el reino. La reina Vashti conocía las repercusiones de sus acciones y asumió la responsabilidad desde el principio. Sabía que su decisión impactaría a muchos, pero sería costosa para ella misma. El mejor resultado para la Reina Vashti no fue necesariamente la decisión correcta. Si ella hubiera evitado perder su trono, podría haber ido a la fiesta del rey desnuda mostrando su cuerpo y la corona real, pero sabía que esa elección sería perjudicial para todas las mujeres del reino y sus futuras generaciones. Ella tomó su rol de liderazgo con gran coraje y responsabilidad y se convirtió en una revolucionaria de los derechos de las mujeres.

Es difícil asumir la responsabilidad, pero vale la pena. Algunos pueden tomar su trono en su corazón, pero no pueden tomar su corona porque está ligada a su dignidad y a su respeto propio, no a su opinión. El sufrimiento causado por asumir la responsabilidad de sus acciones no es nada comparado con el honor que recibiremos en la eternidad. Asumir la responsabilidad de tus acciones es el paso hacia el crecimiento y la transformación. Toma las decisiones correctas en lugar de la mas fáciles. Puede causar consecuencias no deseadas, pero serás muy recompensada por Dios.

Reto

Te desafío a que te detengas la próxima vez que vayas a hacer algo de lo que te arrepentirás más tarde. Cuando estás en el medio de una decisión equivocada, tienes la capacidad de detener el tiempo y orar sobre tu próximo movimiento. Mira a tu alrededor y observa quién te está mirando y ve si esto es algo que te comprometerá en tu caminar con Dios. Tal vez como la Reina Vashti, estés a punto de comprometer tu dignidad y tu respeto por ti misma o tal vez seas como yo y estés a punto de gritar y lastimar a alguien. Tienes la opción de detenerte y tomar una mejor decisión de ese momento. No tienes que ser quien siempre has sido. Rompe los malos hábitos y ciclos. Dios te da la habilidad de renacer y transformarte.

Perdonar = Paz

Puedo tener tranquilidad sólo cuando perdono,
en lugar de juzgar.
-*Gerald Jampolsky*

Perdonar a las personas que nos han lastimado se vuelve increíblemente difícil cuando creemos que al perdonarlas, significa que nuestro dolor se minimizará y ya no tendrá importancia, pero eso no es verdad. Cuando perdonamos a alguien, eso no significa que aceptamos sus acciones o que no son culpables por el dolor que nos causaron. Perdonar significa que los dejamos al juicio de Dios porque reconocemos que todos necesitamos el perdón y la misericordia. Jesús requiere que nosotros perdonemos para ser perdonados. Las personas heridas lastiman a las demás personas y pueden hacerte daño porque alguna vez, alguien los lastimó a ellos, y en lugar de obtener ayuda, continuaron el ciclo vicioso. Otras veces, las personas tienen malas intenciones y tienen la intención de causar daño. En lugar de odiarlos, debemos perdonarlos y orar por la restauración de todos los involucrados. Si no los perdonamos, terminaremos lastimándonos a nosotros mismos porque el odio eventualmente se convierte en amargura e ira.

Perdona a todos los que te han lastimado. No es emocionalmente ni mentalmente sano aferrarse a la ira. Es necesario soltar a quienes te hirieron y dárselos a Dios para que Él pueda tratar con ellos. La Ley de Causa y Efecto establece que "*cada acción tiene una reacción o consecuencia*". La Palabra de Dios dice: "*cosechamos lo que sembramos*". No es nuestro trabajo juzgar a los demás. Sí, podemos juzgar acciones pero no a las personas. Solo nuestro Creador tiene la autoridad para condenar la vida humana al castigo o la disciplina.

El Perdón No Es Fácil Y Toma Tiempo

El proceso de perdón es diferente para todos y para cada situación. Por ejemplo, si alguien ha abusado sexualmente de ti, te llevará más tiempo perdonarlo que si alguien te gritara o difundiera un rumor acerca de ti. Cuanto más profundo es el dolor, más largo puede ser el proceso de perdón. El proceso también se puede extender dependiendo de cuán emocionalmente invertido estés, es decir, si era tú pareja, un pariente con sanguíneo o un extraño. Sé paciente y no te rindas en el proceso. La recompensa por el perdón es la paz interna. Eso no tiene precio y vale la pena el desafío.

Además de perdonar a los demás, es importante que nos perdonemos a nosotros mismos también. Ninguno de nosotros es perfecto y todos vamos a tomar malas decisiones en nuestras vidas, pero en lugar de aferrarnos a eso y castigarnos a nosotros mismos, tenemos que reconocer que todos estamos destituidos de la gloria de Dios. Si nuestros errores han dañado a otros, es importante disculparse con esa persona de inmediato para que el dolor no se alargue. Por lo general, entenderán, después de que la ira disminuya, porque todos hemos dicho y hecho cosas del que no estamos orgullosos, pero también existe la posibilidad de que no acepten nuestras disculpas. De cualquier manera, debemos pedir perdón porque lo hacemos para honrar a Dios y no para recibir una reacción deseada. Si no nos disculpamos, seguiremos lastimando a los demás y a nosotros mismos. Podemos bloquear los oídos de Dios a nuestras oraciones y no recibir el perdón si no perdonamos. El orgullo es antes de cada caída. Sé humilde y duerme con paz cada noche.

El momento más difícil que he tenido para perdonar a alguien en mi vida fue cuando tuve que perdonar a Trino. Aprendí que el perdón no se trata solo de perdonar las cosas grandes; También se trata de perdonar las ofensas más pequeñas. Una de las personas que necesitaba perdonar en mi recuperación era mi tía. Ella es la única hermana de mi padre y no me creyó cuando le conté sobre el abuso sexual que me pasó cuando era niña. Ella dijo que no lo había visto, y por lo tanto, no sabía si había sucedido. No éramos cercanas, pero el hecho de que éramos de la misma sangre y ella eligió no creerme, me lastimó terriblemente. Siempre creí que como dice un dicho norteamericano, que la sangre era más espesa que el agua. En este caso, no se aplicó, y fue difícil para mí aceptarlo. Lo que ella me hizo fue mucho menos de lo que Trino hizo, pero aun así causó daños. Sentí que me estaba llamando mentirosa y me ofendió profundamente, ya que podría haber dañado mi credibilidad con los demás. Durante muchos años, la odié y como no éramos cercanas, fue fácil para mí alejarla de mi vida sin pensarlo dos veces. Mi dolor se convirtió en enojo y le dije que no la quería en mi vida. Le dije que tenía suerte de que fuera mi tía, porque si no lo era, la golpearía. Ahora sé que eso estaba mal y esa no era la forma correcta de lidiar con las emociones. Estaba en un estado mental y emocional diferente entonces, y no estoy orgullosa de mis acciones. No solo me lastimó, sino que las dos lastimamos a mi padre porque él nos amaba a las dos. No pensé en el daño que causaba a mis futuros hijos porque si algún día descubrieran cómo trataba a mi tía, no tendrían un buen ejemplo a seguir. También me estaba dañando porque desde ese día, cualquiera que no me creía o me llamaba mentirosa, simplemente los echaba de mi vida. Pensé que si podía hacerle eso a mi tía, podría hacérselo a cualquiera. Se convirtió en una mala costumbre. No me importaba quién era. Si dudaban de mí, terminaba con la relación inmediatamente. Podría haberlos conocido por muchos años o por poco tiempo. No tenía ninguna tolerancia para eso. Las malas costumbres producen un mal carácter y el carácter afecta directamente tu destino. En mi caso, produjo un destino solitario. Mi corazón se estaba convirtiendo en amargura. Incluso cuando la gente en las redes sociales decían que no me creían, me enojaba tanto que los bloqueaba. Esa no es una buena característica. Una buen carácter es cuando puedes procesar la adversidad, crecer dentro de ella y convertirte en una persona con un corazón suave y piel dura. Las buenas costumbres producen un carácter fuerte que consecuentemente, produce un destino deseado.

Muchos años después, la volví a ver y estaba en un lugar diferente en mi recuperación. Ya me había perdonado a mí misma y la había perdonado. Miré a mi tía y pensé: *¿Por qué está pagando un precio tan alto por lo que Trino hizo?* Ella fue indirectamente una víctima de mi abuso sexual también. Ella no sabía cómo manejar la misma situación que yo tampoco sabía cómo manejar. El verdadero culpable era Trino y estaba haciendo que otras personas pagaran por sus errores. Finalmente, decidí soltarlo. Se lo dejé a Dios y con respecto a mi tía, le dije: "*Dios, ella no conoce la profundidad del dolor que me causó. Ella no puede comprenderlo. Ella no sabía lo que estaba haciendo. Ayúdame a perdonarla por completo.*" Decidí perdonarla porque estaba cansada de odiarla. No quería ese peso en mi corazón. Le pedí a Dios que sanara mi corazón porque odiarla no lo estaba curando. Yo quería seguir con mi vida y tener paz.

Perdonarla significaba, entre otras cosas, que ya no iba a faltarle el respeto. Me di cuenta de que alejarme de ella era mal y nunca debería haberlo llevado al extremo. Años más tarde, cuando finalmente la volví a ver, decidí hablar con ella y ella no sabía qué esperar. Le dije: "*Hola Tía, ¿cómo estás?*" No estaba fingiendo, siendo políticamente correcta o siendo hipócrita. Deje que el rencor saliera de mi corazón y me sentí libre. Algunas personas no pueden entender el perdón y lo llamarán hipocresía o falsedad, pero no lo tomes como algo personal. Lo que dicen de ti, habla más de la condición de su propio corazón que de ti. Nunca nos hemos vuelto cercanas, pero ahora hay paz en mi corazón. Mi sangre ya no comienza a hervir cuando escucho su nombre. Aunque ella no me pidió perdón, creo que también ella siente paz. Ahora nos sonreímos en las fiestas familiares y no hay animosidad, ni ningún conflicto. Creo que mi padre también está en un lugar mejor porque ama a su hermana y no quiere que ese drama lastime a su familia. No fue lo más fácil para mi hacerlo, pero realmente me ayudó. Me alegro de haberla perdonado. Al perdonarla, recuperé mi poder. Crecí de esa situación. Ahora entiendo que si alguien no me cree, no tengo que alejarlos de mí. Tengo la oportunidad de explicarles lo que me pasó y luego ellos pueden decidir si creerme, o no. Si ellos me creen, que bueno, y si no, no importa. Todavía yo sé que es la verdad e incluso si nadie me cree, sé que Dios también conoce la verdad. Eso es lo que verdaderamente me importa ahora.

Si la gente no te cree, se trata más de su debilidad mental a decir que tu seas una mentirosa. Algunas personas no pueden manejar la horrible verdad del abuso sexual. Entonces, ya no lo tomo como algo personal y eso me ha ayudado a tener relaciones saludables. El abuso dañó mis relaciones y Dios usó el poder del perdón para restaurarlas. Recuperé mi poder de nuevo. Me he convertido en una persona más fuerte debido a esa lección. Ahora comparto mi historia sin importarme si la gente me cree o no. La carga de la verdad no está en la víctima frente a Dios porque la verdad siempre saldrá a la luz. Espera pacientemente y no lo tomes como algo personal cuando las personas no te crean. No necesitar la validación de los demás, es algo muy poderoso.

Cuando No Perdonas, Te Lastimas A Ti Misma

El perdón es una decisión, no una emoción. La falta de perdón puede dejarte agotada por la amargura. Empecé a ver cómo mi amargura estaba afectando mis relaciones con todos. Literalmente decía cosas como: *"No me gusta sonreír."* ¿A quién no le gusta sonreír? Realmente lo sentí en esos días oscuros. Comencé a escuchar a la gente decir: *"Rosie, no nos gusta pasar el rato contigo porque siempre estás enojada."* O, dirían que no sabía cómo divertirme porque siempre estaba muy seria. Eventualmente, comencé a escuchar la forma en que las personas me percibían y eso me ayudó a comenzar mi transformación. Yo quería que los demás quisieran estar cerca de mí. Mirando hacia atrás, honestamente no sabía que era así hasta que comenzaron a señalarlo y estaba dispuesta a escuchar. Sentí que me estaba protegiendo del dolor futuro, pero en realidad, estaba alejando a los demás. En el exterior, a veces las personas pueden vernos mejor de lo que nos vemos a nosotros mismos. Por eso es importante rodearnos de personas que nos aman y que nos digan la verdad para que podamos convertirnos en mejores versiones de nosotros mismos. Muchas veces, nuestro dolor y nuestra ira nos ciegan. Empecé a escuchar realmente lo que decían, y quería cambiar. Estoy agradecida de que me amaron a pesar de mi amargura y me animaron a sanar. Estaba cansada de estar amargada y de no poder dormir por la noche. No tenía paz en mi corazón y realmente deseaba la paz. Sabía que tenía que obtener esa paz de una forma u otra. Nunca pensé que el poder perdonar me lo daría, pero lo hizo. Pensé que perdería y el delincuente ganaría si yo perdonaba; Es al contrario, porque soy liberada cuando perdono.

Finalmente, llegué a un punto en el que los lujos de la vida no me llenaban y me hacian sentir más desesperada. Se incrementaron mis necesidades, mucho más. Necesitaba lo básico: amor y paz. Durante mis años oscuros, nunca me desperté diciendo: *"Siento que debo de perdonar hoy."* Nunca nos sentimos así porque perdonar no es una emoción, es una decisión. Decidir perdonar a alguien lleva mucho tiempo y meditación durante el proceso. El perdón es un atributo de los fuertes. Los débiles quieren continuar sintiéndose victimizados. Se necesita valor para perdonar y dejarle la justicia a Dios.

Perdonar a alguien que no admite sus fallas es extremadamente difícil, pero posible. No solo no han pedido perdón, que es el primer paso dentro de la restauración, sino, continúan negando sus culpas. Decidí no tomarlo como algo personal. El perpetrador que niega la verdad no lo hace desaparecer. A veces no puedes demostrarlo al mundo y, a veces, no vale la pena la energía desperdiciada para demostrarlo. Cuando conoces tu identidad, no necesitarás la validación de los demás. Una persona consciente de su identidad está segura de que Dios les dará la validación que necesitan. Puede que ni siquiera sea en esta vida, y tal vez, obtengamos la validación en el más allá. Una cosa que sé con certeza es que la conseguiremos. La Palabra promete que la verdad siempre sale a la luz. La carga de la verdad no está en ti; está en Dios. Deja que Dios sea Dios. Una vez que supe quién era y quién era Dios, dejé de buscar la validación de los demás. Lo que dice la gente no debe afectarte. Recupera tu poder y vívelo.

Perdona A Todos Los Que Te Han Lastimado

Decide perdonar hoy. Una vez que perdones, te liberarás. Además de perdonar a los demás, debemos asumir la responsabilidad de nuestras acciones y pedirle a Cristo que nos perdone por nuestros pecados. También debemos aprender a perdonarnos a nosotros mismos regularmente. Es esencial tener paz. Soy una de las personas más duras conmigo misma. Soy mi peor juez. Me enfoco continuamente en mis defectos. Pienso demasiado y vuelvo a pensar en las conversaciones que pasaron hace años y me juzgo por ellas. Podrían ser cosas tontas como cuando hice una mala broma, y alguien se lastimó por eso. O cuando no di una respuesta correcta en una entrevista y ahora está en todo YouTube, y continúo reviviendo lo una y otra vez. Cuando no te perdonas a ti misma, constantemente piensas en ello y por eso estás condenada a repetirlo. Todo lo que piensas, se manifiesta si no controlas tus pensamientos. En su lugar, perdona te y quítate lo de la mente rápidamente para no repetirlo.

Todos cometemos errores. Eso me facilita saber que puedo perdonarme a mí misma. Nadie es perfecto, y un error no puede definirme. Es genial querer ser mejor, pero no podemos obsesionarnos con nuestros defectos o nuestros errores. Quiero verme mejor, quiero ser más sabia y quiero amar a la gente más profundamente. Es normal tener esos pensamientos y deseos. Esos pensamientos son los que nos ayudan a evolucionar hacia la mejor versión de nosotros mismos.

Tenía que aprender que no amarme a mí misma estaba deteniendo mi proceso de crecimiento. Tengo que amarme a mí misma, creer en mí misma y confiar en mí misma para seguir creciendo. Esas son razones vitales por las que debes perdonarte hoy. Algunos de nuestros errores son más grandes que otros, y puede tomar tiempo liberar nuestra culpa, pero una vez que lo hagas, sentirás una tremenda sensación de alegría.

Perdona te A Ti Misma

Perdonarse a sí mismo es decir: "*Me amo*". Elijo amarme ahora con todos los errores que he cometido y los futuros errores que cometeré. Soy humano y sé que habrá momentos en donde cometa errores. Estoy de acuerdo con eso ahora. Elijo amarme de la manera en que Cristo me ama. Si Él está dispuesto a perdonarme y Él es perfecto, ¿quién soy yo para ser más crítica que él? Continuaré perdonándome a mí misma porque necesito amarme para amar a alguien más. Necesito creer en mí para seguir avanzando hacia mis sueños. Empieza por perdonarte a ti misma primero, antes de perdonar a los demás. Yo tenía que llegar a este punto y estoy muy contenta de haberlo hecho. Es extraño decir: "*Rosie te perdono por tus errores*", pero las recompensas son tan grandes que no me importa que suene extraño. ¡Cuando te perdonas a ti mismo, la libertad y el amor propio te invaden y te liberan! Estarás llegando a un lugar más profundo en tu vida. Estarás madurando y creciendo. Estoy muy feliz de poder perdonarme porque mi proceso de crecimiento comenzó a acelerarse una vez que llegué a ese punto, incluso ayudo en mi proceso para poder perder peso. Todo lo que quería lograr, comenzó a acelerarse. Cuando pasas por el proceso, eliminas tu problema central y cada área en tu vida florece.

Hecho 1:8 y Hechos 7:54-60

Hechos 1: 8 *"Pero recibirás **poder** cuando el Espíritu Santo venga sobre ti; y ustedes serán mis **testigos** en Jerusalén, en toda Judea, en Samaria, y hasta lo último de la tierra."*

Hechos 7: 54-60
*"Cuando los miembros del Sanedrín escucharon esto, estaban furiosos y rechinaron sus dientes hacia él. Pero Esteban, **lleno del Espíritu Santo**, miró fijamente al cielo y vio la gloria de Dios y vio a Jesús de pie en el lugar de honor a la diestra de Dios. Y les dijo: "¡Miren, veo los cielos abiertos y el Hijo del Hombre parado en el lugar de honor a la diestra de Dios!" Luego, se taparon los oídos con las manos y comenzaron a gritar. Corrieron hacia él y lo sacaron de la ciudad y comenzaron a apedrearlo. Sus acusadores se quitaron los abrigos y los pusieron a los pies de un joven llamado Saulo. Mientras lo apedreaban, Esteban oró: "Señor Jesús, recibe mi espíritu". Cayó de rodillas y gritó: "¡**Señor, no los acuses de este pecado!**" Y con eso, murió.*

Hechos 1:8 es poderoso y lo aplico regularmente en mi vida. Ha cambiado mi vida no una vez, sino una y otra vez. Me ayudó a perdonar a Trino, a mi tía, a mi ex marido, a mí misma, y aún me ayuda a perdonar a Abel por cosas grandes y pequeñas. Ha enriquecido mi vida y todas mis relaciones.

Cuando le dije a Dios que estaba dispuesta a vivir para Él y haría cualquier cosa que Él quisiera que hiciera, Dios me dio estos dos versículos de la Biblia. Cuando dice que recibiremos poder cuando el Espíritu Santo venga sobre nosotros y seremos sus testigos, esas palabras realmente me impactaron. Esas fueron las últimas palabras de Jesús a sus discípulos. Ahora que mi hermana falleció, realmente puedo valorar las últimas palabras de la gente. Los atesoro por siempre. Le dije a Dios que estaba inquieta por la noche y que no sentía paz en mi corazón. Le dije que realmente quería la paz. Él me dijo que estudiara los versículos de la Biblia que Él me dio. La primera palabra que me llamó la atención fue la palabra *poder*. Habían abusado de mí y cualquier tipo de abuso, ya sea espiritual, psicológico, físico o sexual, es un abuso de poder. Yo quería retomar mi propio poder. Me lo quitaron, y ya era hora de que lo retomara. Sabía que si Dios me daba el poder, no abusaría de él porque sé lo que es que te quiten el poder y no quiero lastimar a las personas de la misma forma en que yo fui lastimada. Cristo confía en mí con poder porque alguien abusó de su poder sobre mí. Lo que significaba daño, Dios lo usó para bien.

La segunda palabra que me llamó la atención fue *testigo*. ¿Qué es un testigo? Al principio, pensé que tenía testificar sobre lo que Dios había hecho en mi vida o predicar la Biblia. Sentí que era algo mucho más profundo, así que comencé a investigar. La palabra testificar en griego significa mártir. Ser un mártir es morir por un propósito mayor que nosotros mismos. Pensé que si todos vamos a morir, quiero morir por una razón mayor que yo. Quería morir por un mundo desinteresado que impactara la razón. Le dije a Jesús que estaba dispuesta a ser un mártir y que estaba dispuesta a morir por él. El versículo de la Biblia dice que seas un testigo en Jerusalén, Judea o Samaria, y pensé que eso era perfecto para mí. Estoy dispuesta a morir allí. Pensaba en suicidarme durante mi desarrollo, y la muerte no me asustaba. Ahora que fui salvada, tenía una razón para morir. Le dije a Dios que podía ir a China donde es ilegal predicar la Palabra o que podría ir a Afganistán donde las mujeres son muy oprimidas, para difundir su mensaje y liberarlos. Sin duda, me matarían. Estaba dispuesta a morir por las razones correctas. El Señor dijo bondadosa y amorosamente: *"no vas a ir allí todavía."* Dios quería que yo entendiera que Él quería que muriera al pecado, a las emociones negativas y a los deseos egoístas. Él no quiso decir una muerte literal. Aunque muchos han muerto por el evangelio, miles mueren anualmente por él y muchos morirán en el futuro por él.

En **Hechos 7:54** Dios nos muestra el primer mártir y ese es Esteban. Jesús ya había sido crucificado, y Esteban perdió a su mejor amigo y su maestro. Fue un momento emocionalmente difícil en su vida. En este verso, la gente literalmente le rechina los dientes a Esteban mientras lo apedrean. Le están gritando y están perdiendo la razón con ira. Puedes sentir la ira cuando lees el versículo de la Biblia y luego viene un gran cambio. Muestra que Esteban es diferente. Yo quería ser diferente al mundo. Sentí la ira que sentían los acusadores de Esteban. Yo le gritaba a la gente de la misma forma en que le gritaban a Esteban. Sentí la rabia que sentían en lo profundo y no quería que me consumiera más. Esteban no reflejó la ira de esa gente y eso me impactó. Lo que sea que él tenía, yo lo quería porque él vivía en paz a pesar de sus circunstancias. A pesar de que estaba pasando por la peor situación de su vida en la que literalmente fue lapidado hasta la muerte, Esteban tenía paz. Ser asesinado a pedradas, todavía sucede hoy en día en algunos países del Medio Oriente y es una forma horrible de morir. Es una lenta y dolorosa muerte. Es horrible y todos están involucrados. Se convierte en un evento de pueblo y humillaron a Esteban. Lo sacaron de su ciudad y se estaba muriendo solo. Incluso le quitaron la ropa y se la dieron a un hombre llamado Saúlo de Tarso. Saúlo dedicó su vida a perseguir y, en ocasiones, a matar cristianos. Apedrearon a Esteban porque estaba predicando que Jesús era el Mesías y Saúlo consintió la ejecución pública. Esteban estaba haciendo lo correcto y recibió una reacción equivocada. A veces sentimos que estamos haciendo lo correcto, y se supone que debemos recibir aplausos o elogios. A pesar de haber estado haciendo lo correcto, estaba siendo tratado como un criminal. Fue una advertencia para todos que no predicaran acerca de Jesús. Muchas veces, hacemos lo correcto por alguien a quien amamos y en vez de amarnos, a cambio, hacen algo para herirnos o traicionarnos.

En lugar de centrarse en la injusticia o en su dolor, Esteban decidió centrarse en Dios. Miró hacia el Cielo, y todo lo demás se volvió borroso. Cuando miras al Cielo, todo lo demás en el fondo se desenfoca. Haz eso ahora. Mira al cielo o mira hacia un punto en tu techo y observe cómo todo lo demás se vuelve borroso. Eso es lo que le sucedió a Esteban. Miró hacia el cielo y dijo: *"Veo la gloria de Dios."* Sí, estaba pasando por dolor y trauma, pero decidió centrarse en lo correcto. Entonces, cuando te concentres en la gloria de Dios a pesar de lo que está pasando, vas a tener paz. Tendrás la fuerza que necesitas y nada más importará. Cuando Esteban vio la gloria de Dios, lo que describió fue ver a Jesús a la diestra de Dios. Vio a su amigo y mentor de nuevo. Es como si yo pudiera ver a mi hermana otra vez. Solo puedo imaginar lo feliz que estaba. Su corazón debe haber estado tan lleno. En la Biblia, dice doce veces que Jesús está a la diestra de Dios, pero solo una vez dice que Jesús estaba de pie y que ese era el tiempo. Esteban vio a Jesús parado a la diestra de Dios. Eso es absolutamente increíble. Recibir una ovación de pie de parte de Jesús, diciendo que el trabajo fue bien hecho, tiene que ser la sensación más gratificante jamás vista.

Mi hermana, hermanos, artistas, atletas y otras figuras públicas trabajan las 24 horas del día, los 7 días de la semana, para recibir ovaciones de pie. Entrenan, practican, hacen dieta y se sacrifican por las ovaciones de sus audiencias. Ese momento después de un concierto de cuatro horas donde todos se ponen de pie y dicen bravo, debe sentirse increíble. Mi hermana me dijo que nada se comparaba con el amor que sentía por sus fans. Tal vez su marido no la amaba correctamente, tal vez sus amigos la habían defraudado, pero sus admiradores le hicieron saber cuánto la amaban. Aquí está Esteban mirando a su héroe, y es precisamente, el mismo Jesucristo quién lo está ovacionando de pie. Básicamente, estaba diciendo: *"Bravo, amigo mío, estoy muy orgulloso de ti."* Debe haberse sentido tan bien al escuchar esas palabras de la persona más importante del universo: De El Rey de los reyes, de El Todopoderoso. Dios se levantó de su asiento para aplaudirle a Esteban. Fue entonces cuando decidí que quería vivir para el aplauso y la aprobación de Dios. Vivo para hacerlo sonreír y quiero que esté orgulloso de mí. El enfoque de la vida del creyente no debe ser evitar el pecado, sino conocer a Cristo. Conocer a Cristo resultará en pecar menos y en santidad. La manera de conocer a Cristo es amar a los demás como Cristo nos ama. Él nos ama al perdonarnos. Puedes intentar excusarte diciendo que Cristo es Dios y por lo tanto, perdonar a los demás no es posible para los humanos, pero Esteban era un hombre normal como tú y como yo. Eso significa que tú y yo podemos ser recibidos así también. Decidí perdonar a todos los que me hicieron daño para poder ser libre, obedecer a Dios y recibir un día la gran ovación de Cristo. Ahora, mis atacantes en las redes sociales o en mi vida no importan. Ni siquiera le doy importancia porque sé quién realmente importa. Saúlo, quien aplaude la muerte de Esteban, fue transformado por las acciones de Esteban. Cuando Esteban dijo: "*Dios perdónalos, no tomes en cuenta este pecado*", eso afectó la vida de Saúlo. Años después, una vez que Saúlo se convirtió en creyente, Dios cambió su nombre por el de Pablo. Pablo escribió un tercio del Nuevo Testamento. En mi opinión, él es el Evangelista. Él fue sabio y un cambiador del mundo. Él es el hombre que todos admiramos ahora. Cuando era un criminal y un asesino, pidió clemencia y la recibió. Algunos de ustedes pueden pensar que sus abusadores no merecen ser perdonados, pero Cristo todavía quiere restaurarlos. No nos corresponde a ti ni a mí decidir por quién murió Cristo en la cruz. Incluso si crees que no valen la pena, tú lo vales. Muchos comienzan como Saúlo, pero pueden transformarse para ser un Pablo. Pablo reconoció sus errores y dijo que persiguió a más de doscientos cristianos, y que muchos de ellos eran mujeres y niños. De todos, solo nombró a uno por su nombre, y eso significa que permaneció en su corazón. Ese nombre era Esteban. Esteban plantó la semilla que Saúlo necesitaba para comenzar su transformación. Tú sabes que estás en la victoria cuando inspiras e impactas a tus abusadores. Quiero vivir de esa manera. Quiero que mis palabras y acciones comuniquen el amor y la misericordia de Dios.

Juzga Acciones No Personas

Dios nos dio la habilidad de juzgar acciones, pero no personas. Por ejemplo, robar es incorrecto y dar a quienes lo necesitan es correcto. Podemos juzgar las acciones, pero lo hemos llevado tan lejos que nos hemos convertido en jueces de personas y les damos su sentencia. Hemos tomado una posición de demasiado poder que no nos pertenece. Tenemos que ser honestos con nosotros mismos y saber que no estamos llamados a ser el jueces porque no podemos ser tanto la víctima como el juez al mismo tiempo. Los jueces no deben tener una decisión parcial; no deben ser emocionalmente involucrados y deben conocer todos los hechos antes de emitir un juicio y sentencia. Sí, sabemos que sus acciones son incorrectas, pero no conocemos todos los hechos. Solo Dios conoce todos los hechos y Él está en el mejor estado para decidir la sentencia. Se supone que no debemos juzgar y sentenciar a los demás. Es por eso que no tenemos paz y no podemos dormir por la noche. Esa puede ser la razón por la que estás con mucha estres. Puede ser la raíz de tu ansiedad. Hemos tomado un trabajo que no es nuestro. Hemos intentado tomar un poder que no es nuestro. Dios me dijo: "*Quítate de la silla del juez y déjame ser el juez.*" Dios es el Dios de la justicia y vendrá a través de nosotros, no basado en nuestras acciones, sino porque es su carácter. Él no fallará. Confía en Él.

Viviendo Para Dios

Cuando decidí vivir para Dios, decidí dejar que juzgara a los que han pecado contra mí. Dios me estaba haciendo saber que iba a disciplinar a mis abusadores e iba a hacer lo correcto. Salí del tribunal y me liberé de ese peso. Ya no sentía esa carga pesada. Lo que Trino me hizo fue 100% incorrecto, pero yo no soy quien tiene que condenarlo. Dios lo manejará. Me bajé del tribunal y sentí la paz de inmediato. Ya no sentí tanta estrés ni ansiedad por eso. Esas ya eran recompensas que se sentían bien y que ni siquiera había perdonado todavía. Acababa de decidir dejar de ser juez. Aprendí que podía confiar en que Dios haría lo correcto y no dependeré de mis buenas o malas acciones. Puedes sentir que Dios no te hará justicia porque no te lo mereces, pero descansa en la verdad de que su carácter no permitirá la injusticia. No depende de ti.

Una vez que aprendí a perdonar y confiar en Dios, comencé a orar por Trino y pronto, fue encontrado y sentenciado a 31 años de cárcel sin posibilidad de libertad condicional. Para que eso suceda, tuve que soltarlo y dárselo a Dios. Me trajo paz porque aprendí que Dios llega cuando ponemos nuestros problemas en sus manos. La justicia que recibí cuando Trino fue sentenciado, me mostró más del amor y el carácter de Dios hacia mí y por eso fue digna la celebración. La justicia de Dios se siente mucho mejor que la venganza en mis manos.

No sé si tu abusador alguna vez estará en la cárcel, pero debes saber que Dios te dará justicia de una manera u otra. Tal vez sea en la eternidad o ahora. No sé cómo, pero sé que lo hará porque Dios no miente. Dios no es como los humanos que no cumplen su palabra. Lee la Palabra, aprende las promesas de justicia que Él tiene para ti, ten fe en Él y espera.

El Perdón No Es Fácil Pero Es Necesario

El perdón no es fácil y no es una cosa única. Tuve que pasar por un proceso de perdón. Este proceso me llevó tres meses. Empecé a ir a la iglesia, me ponía a llorar y le pedía a Dios que me ayudara a perdonar a mi abusador. Decía palabras que no eran odiosas para él. No puedo mentir en presencia de Dios, así que no dije que lo amaba o que era un buen hombre. Ciertamente no excusé ni minimicé las acciones de Trino porque lo que hizo fue 100% incorrecto. No minimices lo que pasó, ni les pongas excusas. Acepta el 100% de su delito y perdónalos al 100% por ello, para que puedas ser 100% libre. No podía mentirle a Dios y cuando fui a él, no sabía qué decir y le dije a Dios: *"No sé qué decir sobre este hombre, por favor, ayúdame."* Es difícil de perdonar. Dios me dijo que volviera a mirar esos dos versículos de la Biblia y que notara el común denominador. ¿Cuál es la fuente en ambos versículos? El poder del Espíritu Santo fue la clave para ser un verdadero testigo. Dijo que si me llenaba del Espíritu Santo, podría hacer lo que parecía imposible. Cuando estaba en casa, ponía música de alabanzas cristiana y le pedía al Espíritu Santo que me llenara. Le pedí a Dios que bendiga a Trino y eso significa que hiciera su voluntad con él. En el proceso, comencé a cambiar. Podía dormir por la noche y podía volver a sonreír. Tuve paz y ya no estaba amargada. Mis amigos y mi familia habían visto un cambio en mí. Ahora dicen que no soy defensiva ni amargada. Cuando estás orando para perdonar a alguien, comienzas a cambiar. Tres meses después, ya no odiaba a Trino. Lo lloré todo y Dios sanó mi corazón. Fue entonces cuando finalmente fue arrestado. Estuve presente en su arresto, y aunque planié toda mi vida gritarle y maldecirlo, ya no quería hacer esas cosas. Cuando lo vi, sentí compasión. Eso me sorprendió por completo. Fue entonces cuando supe que el Espíritu Santo me había llenado. Desde ese momento, ya no estaba dentro de una prisión mental. Trino es Saúlo para mí. Recé para que él pudiera convertirse en Pablo. Recé para que él pudiera reconciliarse con Dios y que él pudiera cambiar. Rezar por él no hace que su crimen sea menos dañino. Realmente creí que Dios podría transformar su corazón. Mi sobrina, Jacqie, recientemente comenzó una relación con su padre y estoy muy orgullosa de ella por su madurez y cariño. Ella pensó que yo estaría enojada, pero en cambio me siento feliz por ella. Ella lo ha perdonado. Eso no me afecta negativamente en absoluto. De hecho, solo me ayuda. He luchado con la culpa porque cuando hablé, mis sobrinas perdieron a su padre y me sentí culpable por tanto tiempo. Saber que mi sobrina tiene una relación con su padre me trae paz. No perdí nada perdonando, en cambio gané todo. Él le ha hablado sobre su rehabilitación y ahora está en un lugar diferente de su vida. Dijo que necesitaba estar en prisión para llegar al estado espiritual en el que se encuentra ahora. Es un maestro de la Biblia y tiene un grupo bíblico dentro de la cárcel. Él se transformó y eso muestra el asombroso poder de Dios. Eso me hace amar a Dios más. Dios puede hacer todo, pero los milagros del corazón son mis favoritos. Sí, lo que hizo estuvo muy mal, pero también yo he pecado. He cometido muchos errores y también necesito el perdón. La historia de Esteban me ha ayudado a encontrar paz y descanso. Ahora cuando tengo pequeñas discusiones con mi esposo, puedo perdonarlo rápidamente y cuando cometo errores, también puedo perdonarme a mí misma rápidamente. He decidido que nunca dejaré que nada me quite la tranquilidad otra vez, incluso, si eso significa perdonar a las personas que no lo merecen.

Proceso De Perdonar

1. Decide perdonar por tu propia libertad y para obedecer la Palabra de Dios.

2. Habla con Dios y pídele que te llene con el poder del Espíritu Santo.

3. En tu tiempo sola con Dios, di que perdonas a la persona. Repite lo hasta que el odio y la ira desaparezcan. Nota: esto puede llevar meses.

4. Muestra le a la persona que te lastimó que lo has perdonado, para que puedan comenzar su transformación (Ten en cuenta que esto no siempre funciona de la manera que esperas, pero sembrará una semilla de amor y misericordia en sus corazones).

5. Déjalo ir completamente para que no lleves ese equipaje contigo y en cambio deja el juicio a Dios.

6. Vuelve a entrenar tu cerebro porque va a ser inevitable pensar en la persona que te dañó, pero esta vez en lugar de odiarlos y darles tu poder nuevamente, di una oración por ellos.

Reto

Reconoce el daño que otros te causaron, llevase lo a Dios y deja que Él sea el juez. Podrás necesitar escribirlo para expresar completamente tus verdaderas emociones porque puede ser muy difícil hablar. Haz una lista de todos los que te han lastimado y llévalos a la corte espiritual. Las estadísticas indican que solo el 2% de los depredadores sexuales llegan a los tribunales, pero puedes llevarlos a la corte espiritual el 100% del tiempo. Dios te traerá justicia. Deja que Él lo maneje y quite ese peso de tus hombros. Puede tomar más de una vez. Me tomó tres meses y puede tomarte ocho meses, pero decide hacerlo sin importar cuánto tiempo tome. La paz que sentirás valdrá la pena.

Oración

Espíritu Santo eres un regalo de Dios. Te heredamos de Jesús. Él nos dio una herencia y vale más que un millón de dólares. Vales tanto porque nos das el poder de perdonar. Nos das el poder de retomar nuestra paz. Espíritu Santo, te pido que me llenes hoy para que pueda perdonar. Mañana podré volver a preguntarte, pero sé que no me fallarás, y me darás el poder que necesito para perdonar. Tomo la decisión de perdonar hoy. Pongo a mi ofensor en tus manos y sé que harás el resto. Gracias por cambiar mi vida y por darme este poder. No abusaré de eso. Amaré a la gente con el poder que me has dado. En el nombre del Señor Jesús. Amén.

Parte 3

Encontrando El Amor Verdadero

9

Amor

Amate a ti mismo primero y todo lo demás caerá en su lugar. Realmente debes amarte a ti mismo para obtener cualquier cosa en este mundo.
- Lucille Ball

El amor es algo que buscamos durante toda nuestra vida. Ya sea que lo obtengamos de nuestra familia, amigos o parejas, es una necesidad que todos tenemos. Helen Fisher, de la Universidad de Rutgers, descubrió que, *"las parejas 'enamoradas' tienen altos niveles de dopamina. Este producto químico estimula el "deseo y la recompensa" al provocar una intensa oleada de placer. ¡Tiene el mismo efecto en el cerebro que usar cocaína!"* Algunos dicen que el amor es la droga más adictiva del mundo.

Muchos piensan que el amor es solo amar a los demás, pero la persona más importante para amar aparte de Dios, somos nosotros mismos. Muchos de nosotros luchamos con amarnos a nosotros mismos debido a nuestro pasado. En algún momento de nuestro camino, alguien nos hizo sentir desamor y eso no solo nos afecta a nosotros mismos. Desde ese momento, todos los que nos quieren, en lugar de recibir su amor, comenzamos a cuestionarlos y a rechazarlos. No creemos que sea posible que otra persona nos ame porque tenemos defectos. Cuando esto sucede, comenzamos a seleccionar parejas que reflejan nuestro mismo sentimiento y desprecio hacia nosotros mismos. Así es como una mujer que fue golpeada por su marido, se traslada a otro hombre que también la golpea. Las personas dañadas atraen personas dañadas. La Ley de Atracción dice: *"Creamos las cosas, los eventos y las personas que entran en nuestras vidas. Nuestros pensamientos, sentimientos, palabras y acciones producen energías que, a su vez, atraen energías similares. Las energías negativas atraen las energías negativas y las energías positivas atraen las energías positivas."* Al conocer y comprender esta ley universal, recuperamos nuestro poder y ahora podemos tomar mejores decisiones. Si queremos una pareja positiva y amorosa, debemos ser positivos y amorosos. No atraemos a quien queremos, sino más bien quiénes somos.

Nunca me ha faltado el amor en mi vida. Tan loco, impulsivo, apasionado, dramático y poco convencional como mi familia puede ser, también pueden ser suaves, emocionales, sensibles y afectuosos. Los amo con todo mi corazón. Ellos son la base de mi alma. Cuando era joven, vivíamos en la pobreza, pero una cosa que sí tenía era el amor. Lo triste es que nunca lo supe. Después del abuso sexual, no pude recibir amor. No pude sentirlo. No pude verlo. Todos los días, me preguntaba si alguien me podría amar y si alguien me amaba. Me preguntaba, *"¿Quién podría amar a alguien tan sucia como yo?"* Después del abuso sexual, sentía que mi cuerpo solo era útil para el sexo, dejándome sin valor y sintiéndome repugnante. Me engañó y me hizo pensar que nadie podría amarme. Recuerdo que en mi adolescencia estaba tan desesperada por ser amada, que usaba ropa reveladora pensando que si a un chico le gustaba físicamente, tal vez podría llegar a conocerme y amarme internamente. Pensé que si le daba lo que pedía, que generalmente era sexo, me daría lo que yo pedía, que siempre era amor. Nunca sucedió. Le estaba dando perlas a los cerdos, sin darme cuenta de que era una perla. Estaba buscando desesperadamente amor en todas partes en los lugares más oscuros y profundos, sin saber que estaba frente de mi cara todo el tiempo. Llegaba a casa a las 4 de la mañana con olor a muerte. Olía a alcohol, drogas y sexo. Parecía basura porque me traté a mí misma como basura. Entraba por la puerta e intentaba ponerme de puntillas para no meterme en problemas porque no quería que mi mamá me gritara. A pesar de que estaba abriendo la puerta con tanto cuidado para que nadie pudiera oírme y hasta me quitaba los tacones, mi madre siempre estaba sentada en el sofá. ¡Me molestaba tanto! Yo le gritaba y le decía que me dejara en paz. Yo gritaba:*"¿Por qué te importa tanto? Déjame vivir mi vida."* Mi madre de 5'1" parecía frágil y débil sentada allí con sus pijamas, rulos en el pelo y anteojos. Pensé que era más sabia e inteligente porque sabía sobre el mundo. Yo había pasado por el infierno y había regresado, y ella no sabía nada sobre el dolor. Estaba tan equivocada. Ella estaba cansada porque no había dormido, pero en lugar de darme cuenta de que ella estaba esperándome para asegurarse de que llegué a casa de manera segura, me enojaba. No podría ver su amor. El amor que ella me estaba dando era tan fuerte y tan apasionado. Ella literalmente perdía el sueño para asegurarse de que llegaba a casa bien. Por supuesto, ella me regañaba porque me lo merecía. Nadie debería llegar a casa a las 4 de la mañana con ese olor feo o mirándose en la manera como yo me miraba. Su disciplina era una señal de que ella me amaba. Simplemente no podía recibirlo en ese momento. Ella podría haberme dicho que me amaba mil veces y lo hacía, pero simplemente no lo creía porque yo no me amaba a mí misma. No podía ver cómo alguien como yo podría ser amada.

Versículo De La Biblia Marcos 12:31

"El segundo es este: 'Ama a tu prójimo como a ti mismo'. No hay ningún mandamiento más grande que estos".

Jesús dijo que hay dos mandamientos y que todos los demás mandamientos pertenecen a estos dos. Uno es: ama a Dios antes que a todos. Honra lo y respétalo. El segundo es ama a tu prójimo como a ti mismo. Sé que puedes centrarte en la primera parte sobre amar a tu vecino, pero nos vamos a centrar en la segunda parte porque es un requisito para poder amar a los demás. La única forma en que puedes guardar este mandamiento es si te amas a ti misma. Los dos mandamientos no nos mencionan esto directamente, pero está entre las líneas porque no se puede completar uno sin el otro. Requiere un paso de tu parte antes de poder hacer la segunda parte. Primero debes amarte a ti misma. Sé que eso es difícil para muchos de ustedes. Fue difícil para mí también.

Si no te has sentido amada durante toda tu vida o si piensas que si te equivocas una vez, la gente dejará de amarte, no te preocupes, no estás sola. Si no te amas a ti misma, eres incapaz de dar amor a los demás. Es posible que hayas tratado de amar a los demás, pero te rindes fácilmente. No puedes comprometerte con las personas. Tu amor va solo en cuanto a lo que te pueden ofrecer. Te escapas cuando es muy difícil. No puedes perdonar yes porque no te has perdonado a ti misma. Muchos de ustedes aún guardan rencor contra ustedes mismos por algo que hicieron hace 10 años. No puedes recibir algo que no sabes. Puede que te den amor una y otra vez, pero si no sabes que es, no lo aprecias. La forma en que no sabía que mi madre me estaba dando amor era porque no lo entendía. Si me amara a mí misma, habría entendido que lo que ella me estaba dando era amor.

Sí, quiero que ames a tu prójimo, debes amar a tu prójimo, pero primero debes amarte a ti misma. Amate completamente. Ama tus defectos y tus errores. Esa es la forma en que Dios te ama. Al obedecer el primer mandamiento de amar a Dios, aprenderás a amarte a ti misma cuando recibas su amor. La Palabra dice que incluso si tu madre y tu padre te abandonan, Dios no lo hará jamás. Dios te ama tal como eres. Nadie es perfecto y todos cometemos errores y tenemos fallas. Dios no está buscando la perfección. Solo Él es perfecto. Él te aceptaba como eras antes, incluso antes de pensar en cambiarte. Los buenos actos no ganan su amor y los actos incorrectos no lo hacen perder su amor hacia ti. Pero no te has amado así. No has sentido el amor de Dios porque no lo entiendes. Esperas que Dios te ame de la manera que el mundo te ama con condiciones y limitaciones, pero el amor de Dios no tiene límites. Por lo tanto, puedes amarte a ti misma de una manera ilimitada.

Amate A Ti Misma

Hay dos momentos importantes en los que aprendí a amarme a mí misma. La primera vez fue en Navidad de 2002. Estaba embarazada de mi hija y estaba en mi último año de la universidad, me gradué temprano, con honores. El padre de mi hija me dejó el día que le dije que estaba embarazada, y me devastó porque estaba muy enamorada de él. Quería darle a mi hija una buena familia. Sentí que ya le había fallado aantes de que ella naciera. Lloraba todos los días durante el camino a UC Irvine. Tan pronto como estacionaba, secaba mis lágrimas, iba a clase y daría lo mejor de mí. Terminaba todas mis clases, estudiaba, y me subía a mi auto y lloraba todo el camino de regreso a casa. No me di por vencida. En la graduación, mi hija tenía solo 3 meses y estaba vestida como porrista UCI. Seguí adelante a pesar del dolor y traté de seguir como todo lo demás en mi vida. Antes de Navidad, no decía que estaba orgullosa de mí misma por continuar mis estudios con 20 unidades, teniendo una pasantía, trabajando en mi tesis y manteniendo un trabajo de tiempo parcial. Aunque mi familia dijo que estaban orgullosos de mí, me entraba por un oído y me salía por el otro. Es solo la forma en que yo vivía. No me permitía recibir amor. No quería sentirme bien porque no sentía que me lo merecía. No esta vez. Unos meses antes de la graduación en la Navidad de 2002, mi hermana Jenni me dio el mejor regalo de todos. Desenvolví una placa que decía: *"respetada y admirada para siempre por tu fuerza y perseverancia."* Tal vez porque aprendo mejor con visuales, verlo escrito me transformó. Verlo en letras doradas en una placa, firmado por mi hermana, a la que tanto amaba y respetaba, significaba mucho para mí. Ella no mentiría. Miré esa placa y sentí que realmente me lo había ganado. Por primera vez, pensé que quizás si tenía algo bueno dentro de mí. La fuerza y la perseverancia eran buenas cualidades y podría aprovecharlas para hacer más. No me gustaba mi físico, no me gustaba mi pasado, y no sabía a dónde me llevaría el futuro, pero tenía dos cosas que podría comenzar a gustarme: Mi fortaleza y miperseverancia. Esas eras las cualidades que habían ganado el respeto de mi hermana. Me aferré a eso con todo lo que tenía porque eran míos. Pasé por la vida, me gradué de la universidad y estuve en la lista del Decano e ingresé a la facultad de derecho con fuerza y perseverancia. Pasé a graduarme de la universidad bíblica algunos años después, siendo la estudiante que da el discurso de despedida en la ceremonia de graduación por ser la estudiante con las mejores grados. Más importante que obtener títulos, aprendí amor propio y respeto.

La segunda vez que me amé fue después de levantarme de la calle en octubre de 2005. Había estado tratando de suicidarme porque mi primer marido me había violado y me había echado de la habitación de un hotel. El guardián de la puerta me había llamado prostituta. Tomé la falsa etiqueta que me habían dado y me la puse en mi pecho como si fuera verdad. Toqué fondo y quería suicidarme. Después de caminar horas en la calle pidiéndole a Dios que me matara, y luego dándome cuenta de que no me estaba obedeciendo, le pedí a Dios que me diera un propósito. Hablé con Dios y fui transparente, y fui real. Le dije todo lo que pensaba que él no sabía, que eran todos mis secretos y pecados más profundos. Eso es todo lo que vi en mí. Le conté sobre el aborto, la promiscuidad, y le conté sobre mis 101 fracasos. Le conté sobre mi ira y mi deseo de venganza contra Trino, y lo mucho que quería matarlo. Si pudiera terminar con todo y matarme, eso sería mucho más fácil para todos. Dios no buscaba lo fácil. Me di cuenta de que era mi gran fuerza y mi perseverancia lo que me había llevado allí en primer lugar y que Dios podría trabajar con eso. Dios no necesitaba que mi corazón estuviera completo porque podía hacerlo completo. Él no necesitaba que yo ya tuviera armadura porque Él me daría la armadura. No necesitaba mi inteligencia porque El me daría sabiduría. Todo lo que El quería era yo; Rota, imperfecta y herida. Él tenía un propósito para mí. Si Él tenía un propósito para mí, eso significaba que podía cumplir uno de los sueños de Dios. Sentí que si Dios tenía sueños para mí, solo yo podría hacerlos realidad. Eso significaba que había algo bueno dentro de mí y solo necesitaba darme cuenta por mí misma. Entonces, me di cuenta de que Él murió en la cruz por mí. Murió por toda la humanidad, pero fue un intercambio personal. Él tomó mi lugar en la cruz, el lugar que gané con el aborto, las drogas, la promiscuidad y la pornografía (por nombrar algunos). Si hubiera sido la última persona en la tierra, Él hubiera muerto en la cruz por mí porque para El, yo valía la pena. No estoy perdida en la multitud, no soy cualquiera, soy alguien. Con todos mis defectos, soy valiosa. Si Dios me ama tanto, tiene que haber algo digno de amor en mí. Comencé a buscar y empecé a verme en un espejo diferente. Ya no me comparaba con modelos de portadas de revistas, actrices en televisión o mis hermosas amigas. Por un tiempo, dejé de mirarme al espejo porque si no podía decir algo positivo acerca de mí misma, no iba a decir nada en absoluto. Pensaba que era fea, tenía sobrepeso y me disgustaba. Pensé que no valía nada, así que ni siquiera iba a escucharme más. No sabía lo que Él sabía, y quería saber por qué Dios me amaba, así que comencé a investigar la Palabra de Dios todos los días. Su Palabra me dijo que soy una obra maestra. No podría entenderlo. ¡¿Yo?! Con todo lo que había hecho, con mi espalda amplia, muslos gruesos y ojos grandes de rana. Yo era una obra maestra? Sabía que Él no era un mentiroso, así que tenía que entender por qué pensaba que yo era una obra maestra.

Dios Nos Ama

A través de la Palabra y la oración, aprendí que Dios no se avergüenza de ser visto conmigo. Dios me creó. ¡Dios me ama! Eso cambió toda mi perspectiva sobre mí misma. Continué investigando las escrituras, hasta que lo creí. En mis días más difíciles, lo decía en voz alta, *"Soy una obra maestra. La Palabra dice que soy hecha con temor y maravillosamente, y seguramente la bondad y la misericordia me seguirán durante todos mis días."*

En mi búsqueda, descubrí quién era Dios y descubrí quién era en relación con él. Entonces, no importa lo que otros digan de mí porque sé lo que Dios dice de mí. Nadie más puede llamarme inútil, fea o estúpida porque sé que no soy ninguna de esas cosas. Dios cambió mi vida. Se convirtió en mi nuevo espejo. Ahora puedo mirarme al espejo, incluso si he aumentado 5 libras o cuando estaba embarazada de nueve meses con los pies hinchados. Aún podía mirarme al espejo y decir: *"con todo lo que eres, aún Dios puede recogerte y eso significa que te ama."*

Finalmente llegué a un punto en mi vida a los 36 años, donde ya no odio nada de mí. Puede que no me guste todo sobre mí, pero me amo toda. Me tomó mucho tiempo llegar hasta aquí y quiero que tú también te sientas así. No quiero que te odies a ti misma por más de 30 años. Puedes amarte tal como eres ahora. Estás en el proceso y no tienes que cambiar tu forma de ser, pero puedes transformarte para convertirte en la mejor persona posible de ti misma. Deja de mirar el carril de otra persona y concéntrate en el tuyo. Enfoca te en Dios. Si haces esto, comenzarás a ser la verdadero tú y eso es más hermoso de lo que nadie puede ser, porque solo hay un, tu.

El abuso sexual afecta todas nuestras relaciones

El abuso sexual afectó cada relación que tuve, comenzando con la de mis padres. Dejé de sentarme en el regazo de mi padre porque no sabía si era como todos los hombres. Sentí que todos los hombres eran como Trino y no veía la diferencia entre el monstruo y el hombre. Comencé una espiral descendente de no confiar en nadie y no confiar en mí misma para tomar las decisiones correctas. Pensé que yo misma me había puesto en una mala situación al permitir que Trino jugara "el juego del amor conmigo". Ya no confiaba en mí misma y definitivamente no confiaba en los hombres. Me sentí así, incluso con mis hermanos. Ya no quería jugar con ellos ni siquiera a las luchas, y me alejé de mi madre pensando que ella solo iba a juzgarme.

Me alejé de todos excepto de mi hermana Jenni porque fue implacable en la búsqueda de mi corazón. Sabía en el fondo de mi corazón ella me amaba porque su amor era constante. Empecé a alejar a todos por miedo y construí grandes muros con mi ira. Pensé que si la gente no podía entrar, no podrían lastimarme. Solo estaba tratando de evitar más dolor. Pensé que si sentía una onza más de dolor, me iba a romper. Me escondía detrás de mis paredes y no dejaba entrar a nadie. A veces, cuando me sentía fuerte, miraba por encima de las paredes e intentaba encontrar el amor, pero nunca funcionaba.

Sentirse Indigno (a)

Veía al chico inteligente, guapo y amable y pensaba: *"No lo merezco"* porque está buscando una chica diferente a mi. Está buscando una chica amable que sea virgen. Él era un príncipe en busca de una princesa. Inmediatamente quitaba mis ojos de él porque asumía que no le gustaría. Pensé que me merecía a alguien que se pareciera más a mí. Alguien que estaba mal por dentro. Si alguien mostraba interés en mí y yo creía que era una onza mejor que yo, me alejaría pensando que se daría cuenta de que no estaba a su nivel y luego me dejaría. No quería ser rechazada. Entonces, antes de que pudieran rechazarme, los rechazaba. Cuando tenía una relación, les permitía abusar de mí porque estaba acostumbrada a eso. El efecto más triste del abuso es acostumbrarse a él. El abuso repetido duele, pero no tanto como la primera vez. Entonces, permite que continúe. Como adulto, nadie puede abusar de ti más que la forma en la que tu te abuses. Estaba abusando de mí misma al permitir que me lastimaran. Yo permitía que abusaran de mí emocional, física y de cualquier otra manera porque me sentía inútil. Aunque en el fondo esperas a alguien mejor, tomas decisiones en función de lo que crees de ti misma. Pensé que era basura y me merecía un hombre de mala calidad porque si iba con alguien mejor que basura, entonces me sentiría aún peor.

Finalmente ver la luz

Cuando estás en la oscuridad, no sabes que estás en la oscuridad. Cuando entras en una habitación oscura, no puedes ver nada, pero una vez que has estado allí por unos minutos, puedes distinguir el televisor, los cajones y la cama. Pronto, podrás moverte en la oscuridad. El amor que vives entonces, no es saludable, es como estar en una habitación oscura. Realmente olvidaste lo que era amar y vivir en la luz. Te has acostumbrado a moverte en la oscuridad, así que te golpeas contra el cajón, te golpeas contra el televisor, te lastimas con el espejo, y todo esto es porque olvidaste cómo era la luz. Las personas que eliges también caminan en la oscuridad y es como un ciego que guía a los ciegos. Eso no es saludable y es emocionalmente inestable para ti y para quienquiera que estés en una relación. Ambos están incompletos tratando de completar el uno al otro. Yo era parte de una persona y estaba esperando que alguien me completara, pero esa no es la forma en que debe funcionar. Cuando no te complementan, te enojas con ellos, pero no es la forma sana que debe ser. Entonces temes el compromiso, temiendo que otros descubran quién eres realmente y te abandonen. Pronto, dejarás a todos antes de que te abandonen. Comienzas a sabotear tu relación y es un ciclo destructivo que se repite una y otra vez.

Rechazando el amor

Otro error que cometí debido a la etiqueta desagradable que dejó el abuso sexual fue probar a las personas. Si iban a atravesar mis paredes, tenían que probarse a sí mismos. En mi ingenuidad, estaba protegiendo mi corazón de más dolor. Los ponía a prueba, y era cruel a propósito. Jugaba juegos tontos con ellos, como no responderles a sus mensajes de texto o ignoraba sus sentimientos. Pensé que tenían que demostrarme su amor para ser real. Pensé que esto evitaría que me lastimaran. Alejé a tantas personas geniales debido a mis pruebas. Ni siquiera sabían que estaban siendo probados y seguro no se acercaban a mi para eso. Estaban confundidos porque lo único que querían era pasar tiempo conmigo. Vieron algo en mí que yo no miraba. Fue entonces cuando me encontré sola. Hice esto con amistades, familia y cualquier relación que tuve en mi vida. No estaban preparados para saltar sobre una pared de 30 pies. Terminé sola. Observa te antes de hacer esto también. Pregúntate: *"¿He aceptado cada relación abusiva porque me estoy abusando indirectamente? ¿He estado tan acostumbrada a ser una víctima que me permití estar en situaciones que me vuelven a ser una víctima porque no sé lo que es salir victorioso? ¿He alejado a las personas amorosas?"* Debes entender el ciclo para romperlo. Antes de que puedas recibir amor, debes amarte lo suficiente como para romper esos ciclos. Va a ser difícil y tomará trabajo, pero valdrá la pena. Te repito, tú lo vales.

Cuando llegué al punto de querer casarme, supe que no sabía cómo elegir a mi esposo. Fue humillante saber que podría ser un estudiante de 4.0, pero no fui lo suficientemente inteligente como para saber cómo elegir un compañero de vida. Dejé de enojarme por eso. Lo entendí. Mi detector de hombre estaba roto. Humildemente se lo di a Dios y le dije: *"Dios, por favor tu elige al hombre adecuado para mí. Confío en ti más de lo que confío en mi propio juicio."* Sabía que necesitaba una desintoxicación de amor. Decidí volverme abstinente porque Dios considera que el sexo fuera de matrimonio, es pecado, por lo que no nublaría mi juicio. Cinco años después, Dios me dio a Abel. Estoy tan feliz de que Dios lo haya elegido a él. Me dio algunas características que quería y todas las características que necesitaba en un hombre. Aprendí más del amor de Dios a través de Abel. Pude recibir su amor porque en ese tiempo, ya me amaba a mí misma. Oré durante cinco años para que Dios me diera un buen hombre. Tomó tiempo porque primero, Él necesitaba sanar todas mis piezas rotas. Necesitaba amarme a mí misma antes de que yo pudiera amar a alguien más. Aun cuando tu seas sanada, ninguna relación será fácil o perfecta. No necesitamos perfección; Necesitamos consistencia, misericordia y gracia. Después de la desintoxicación del amor y recibir la sabiduría de Dios, pude tomar mejores decisiones. Sabía qué clase de hombres no eran buenos para mí, a quién podía aguantar y a quién podía amar de verdad. Detecté las verdaderas intenciones de los hombres, y sabía cuales amaban a Dios más de lo que me querían a mi. Vi la diferencia entre el amor y la lujuria. No necesitaba una boda para ser una princesa; Ya tenía una corona. Después de dejar de buscar en los lugares equivocados, dejé espacio para que Dios me trajera a Abel.

Sé que muchos de ustedes quieren amor y es lo que desean. Deseas casarte, pero antes de llegar allí realmente tienes que terminar el proceso de sanidad para no arruinar la relación, ni sabotearla una vez más, como has saboteado a otras relaciones en el pasado. Necesitas paciencia y necesitas confiar en el tiempo de Dios, y asegurarte de desintoxicar todos tus comportamientos tóxicos para que no lleves toda esa basura a tu nueva relación.

Reto

Todos los días, haz algo para demostrarte que te amas a ti misma. Aquí hay algunos ejemplos: Salir a caminar por el parque, hacerte manicura, leer tu libro favorito por 15 minutos, meditar, rezar o mirarte en el espejo y decirte tres cosas amables a ti misma.

Oración

Creador y amante de mi alma, revela me mi verdadera identidad. Padre, déjame mirarme en el espejo de tu Palabra. Que me vea de la manera que tu me ves y que pueda amarme mí misma tal como tu me amas. Soy una obra maestra, maravillosamente hecha, y una hija amada de Dios, que no permita que nadie me despoje de quien soy. En el nombre de Jesús. Amén.

10

El Poder De Dos

Los mejores matrimonios se basan en el trabajo en equipo. Un respeto mutuo, una dosis saludable de admiración y una porción interminable de amor y gracia.
-FawnWeaver

Conocer a la persona con la que vamos a compartir el resto de nuestras vidas es una sensación emocionante. Sentimos mariposas dentro de nuestro estómago cuando nos mandan un mensaje de texto o nos llaman, y queremos pasar todo nuestro tiempo libre a su lado. Queremos que piensen lo mejor de nosotros para que podamos omitir nuestros secretos dolorosos con el temor de que nos abandonen. A veces, debido al pasado abuso sexual, es posible que seamos provocados por el trauma y presencien nuestro comportamiento. En este instante, es posible que tengamos que explicar el abuso que sufrimos para que puedan comprender nuestras acciones. No solo estamos avergonzadas por nuestro comportamiento, sino que ahora tenemos que hablar sobre un tema que nos duele profundamente. Es difícil abrirse. Algunos hombres correrán hacia el monte cuando se enteren del pasado de su novia, mientras que otros se acercarán y se quedarán. Eso es lo que sucedió con mi esposo Abel y conmigo. Aunque conocía mi historia porque la compartía con nuestra congregación, no conocía los detalles. Estaba dispuesta a dar los detalles, pero él no creía que los necesitaba. Él me amó a pesar de todo y solo veía a la recién creada, Rosie.

Obstáculos En El Matrimonio

Al principio de nuestro matrimonio, Abel y yo experimentamos obstáculos en nuestras relaciones intimas, y hubo momentos que pensamos que no íbamos a superarlos. Cuando esto suceda, pídele ayuda a Dios. Dios escucha nuestras oraciones y nos ayudará a superar nuestros momentos más difíciles. A través de la oración, la comunicación y un gran grupo de apoyo, Abel y yo superamos este difícil desafío. Hoy tenemos una relación más fuerte por eso. Ahora cuando el trauma me afecta, él sabe cómo ayudarme a superarlo. Es por eso que es muy importante que elijamos a la persona correcta para compartir nuestras vidas. Muchos hombres no podrían superarlo y yo estoy muy agradecida de que Abel sea mi compañero de vida y me haya ayudado a sanar.

Cuando estás soltera, utiliza tu tiempo sabiamente

Cuando eres soltera y eres un sobreviviente de abuso, el trauma puede hacerte pensar que no eres digna de amor y que estarás soltera para siempre. Eso es lo opuesto a la verdad. Incluso en esta generación, hay buenos hombres para elegir, pero depende de ti tomar la decisión correcta y saludable. Si eres soltera, usa esta temporada sabiamente: Para sanar, restaurar, desintoxicarte de relaciones pasadas y aprender a amarte a ti misma. Aprovecha este tiempo para aprender a estar satisfecha en todas tus temporadas, porque así como las mujeres solteras quieren casarse, las mujeres casadas a veces quieren ser solteras. El contentamiento es la clave del famoso verso: *"Puedo hacer todas las cosas a través de Cristo que me fortalece."* Usa esta temporada para crecer más cerca de Cristo y hacer de Él tu roca, para que nadie te pueda quebrar. Al permitir que Dios te prepare, ora para que Dios prepare su corazón también antes de que se unan como uno, y que sean individuos. No esperes que un hombre te complete, es un mito mundano y ejerce demasiada presión sobre la otra persona. Dios debería complementar a cada uno de ustedes antes del matrimonio. No lo apresures. Dios no niega la bondad de nosotros. Él espera el momento correcto, cuando estamos emocionalmente y espiritualmente sanos para que no nos dañemos a nosotros mismos o a nuestra pareja. Dios tiene un tiempo perfecto, pero ese momento depende de tu crecimiento. Lo mejor que puedes hacer si estás lista para conocer a tu alma gemela es aprender y amar tu identidad. Haz de Dios la base de tu vida; Saber quién es y quién eres en relación con él. Cuando te vuelves emocionalmente saludable, estás mejor equipada para elegir a la persona adecuada. Cuando estás emocionalmente insalubre y rota, terminas eligiendo a alguien que también está roto. Hacemos esto porque no creemos que nos merecemos algo mejor y tenemos miedo de ser rechazadas por aquellos que percibimos que son mejores que nosotros. Antes de tratar de encontrar a tu pareja, asegúrate de trabajar en ti internamente. Permite que Dios sane el dolor, perdona a todos los que te han lastimado, ama y respeta te a ti misma. Esa es la forma más rápida de conocer a tu pareja. Recuerda que es tu elección e incluso los matrimonios saludables pasan por aguas turbulentas, por lo que debes elegir a alguien con quien puedas compartir el barco en todo momento. No puedes continuar saltando del barco a la primera señal de lluvia cuando has hecho un pacto con Dios y tu pareja. Elije sabiamente, el futuro te lo agradecerá.

Los Traumas Sexuales

Como víctima de abuso sexual, tuve muchos traumas con el sexo. Sabía de a algunos de ellos y los resolví antes del matrimonio, pero el matrimonio reveló cosas que nos sorprendieron a los dos. El matrimonio me mostró que todavía tenía problemas sexuales con los que tenía que lidiar. No fue un castigo o falta de sanidad; Fue la siguiente fase de la restauración. Le hizo la vida difícil a mi esposo y desafió nuestro matrimonio en gran medida. Cuando el Señor me salvó, y comencé mi desintoxicación, una gran parte de esto fue la desintoxicación del sexo. Tomé la decisión de ser abstinente. Dios me ayudó con eso. Rompió las cadenas de la adicción a la pornografía y el sexo. Empecé a ver pornografía a los 11 años, y aunque odiaba lo que Trino me hacía, mi cuerpo pedía sexo. Trino despertó algo que solo mi esposo tenía derecho a disfrutar. Sabía en mi corazón que quería guardarme para mi esposo. Aunque habían abusado de mi, me habían violado y me había entregado a otros, sabía que esto me daría un nuevo comienzo. Sabía que cuando le hice el amor a mi futuro esposo, sería especial, significativo y puro. Estoy tan agradecida de haber tenido esa opción. Había permanecido abstinente durante dos años cuando conocí a Abel. Durante los dos años, salí con hombres, pero no tuve relaciones sexuales con ellos. Rompía con ellos y huía de situaciones candentes y pesadas para poner la pureza como prioridad. No era perfecta, pero hice todo lo que pude para cumplir mi promesa a Dios. Sé que suena raro decirlo porque tenía 25 años y ya tenía una hija de 2 años, pero cuando Dios te renueva, es real y te transformas. Él nos da el poder de obedecer. Solo tenemos que hacer la elección y hacer nuestra parte para evitar situaciones imprudentes.

Cuando conocí a Abel, él era virgen. Yo era la primera relación real de Abel. Teníamos mucha química. Poco después, caímos e hicimos el amor. Lo llamo la caída porque me sentí como Adán y Eva cuando comieron la fruta prohibida. Abel también le había prometido a Dios que no fornicaría. Al igual que Adán y Eva cayeron y tuvieron consecuencias, también lo hicimos Abel y yo. Ambos fuimos adoradores de nuestra iglesia y le confesé a nuestro pastor porque ya no podía con la culpa. Abel no estaba listo para hablar sobre eso. También estaba aterrorizado, pero no quería perder lo por completo y pensé que si no hablaba y controlaba la situación, lo perdería para siempre. El pecado trae la muerte, la muerte en nuestra relación con Dios, y a veces la muerte de las relaciones con nuestras parejas. También sabía que me perdería en el pecado sexual nuevamente si me quedaba cerca de él en este estado. No quería perder todo lo que había construido con Dios en los últimos dos años. No podría arriesgarme. Abel era un hombre increíble y estaba loca por él, pero mi relación con Dios significaba más para mí. No podía perderme y yo no quería ser la causa que afectaría la relación de Abel con Dios. Había cometido ese error demasiadas veces en el pasado y no quería repetirlo. Tenía que detenerme a mí misma. Entonces, le confesé a nuestro pastor.

Pídele Ayuda A Dios

Antes de confesar, le pedí a Dios que me sacara de esta situación y lo hizo. A pesar de que me había enamorado de Abel, necesitaba ser rescatada de mí misma y Dios me ayudó. Le dije a Dios que amaba a Abel y que quería casarme con él algún día, pero no sabía cómo detener la lujuria que sentía por él. Le pedí a Dios que por favor cierra la puerta. Le pedí que salvara mi relación con él y que me permitiera casarme con él. Le pedí a Dios que por favor tenga piedad de nosotros. Poco después, Abel olvidó su teléfono celular en casa y su madre lo encontró. Ella sabía que él y yo éramos amigos y ella me llamó y me dijo: *"Rosie, por favor, dile a Abel que tengo su teléfono celular."* Me asustó mucho porque sabía el tipo de mensajes de texto que había en su teléfono. Ella no los leyó porque no es ese tipo de madre, pero desde que hablé sobre el abuso sexual, me niego a vivir con miedo, y del temor de que nos descubrieran, me hizo sentirme incómoda. Me negué a vivir con miedo, secretos y mentiras, así que decidí confesar. Le hice saber que deberíamos hablar, y también le dije a nuestro pastor lo que pasó para recibir orientación. Hubo un gran alboroto en nuestra iglesia porque estábamos en el equipo de adoración y obviamente no estábamos casados. Me sentí avergonzada. La madre de Abel se había ocupado de su vida espiritual porque era madre soltera y quería que su hijo caminara por el camino correcto. Cuando descubrió lo que sucedió, quedó devastada. No sabía qué hacer porque le preocupaba perder a Abel, espiritualmente.

Enfrentar este pecado fue devastador para todos, pero mirando hacia atrás me alegro de haber dicho la verdad. Decir la verdad siempre es lo correcto, incluso a riesgo de perder lo todo. Nuestro pastor me preguntó: *"Rosie, ¿por qué no me mentiste?"*, y yo dije: *"Porque ya no soy esa persona"*. Él dijo: *"Hubiera sido más fácil para ti si lo hicieras"*, y dije: *"No estoy aquí para lo fácil. Estoy aquí por la verdad y la vida"*. Había experimentado la gloria de Dios siendo honesta y no podía volver a una vida de falsedad y pretensión. Cinco años después de caminar con Cristo, sabía mejor y tenía que hacer mejor.

Cuando Es El Momento Incorrecto

Debido a nuestras acciones, perdí a Abel por un año entero. No podíamos hablarnos y no podíamos ser amigos. No pudimos enviar correos electrónicos o mensajes de texto. Fue Dios quien me protegió de mí misma y Abel de él mismo. Fue una temporada muy difícil de mi vida. Todavía lloro cuando hablo de eso porque realmente lo amaba, pero no podía hablar con él. Yo era una madre soltera siendo guiada por mi pastor, y él estaba siendo guiado por su madre. Fue una experiencia muy humilde, especialmente cuando todos estaban mirando. Nuestras madres, pastores y mentores pensaron que era mejor que nos mantuviéramos alejados el uno del otro, para que pudiéramos fortalecer nuestros viajes espirituales. Puede parecer extremo y loco para muchos, pero era lo que ambos necesitábamos en ese momento. No fue un castigo; Estábamos reconstruyendo nuestra vida espiritual y nuestra relación con Dios.

Cuando tu carne es tu peor enemigo y realmente quieres crecer, debes buscar orientación. Incluso si esa guía te va a quitar todo lo que deseas temporalmente, debes saber que es para tu bien. Su madre me pidió que me abstuviera de hablar con él hasta que él fuera más fuerte. Yo también necesitaba ser espiritualmente más fuerte para no caer nuevamente.

Ese año fue muy difícil. Durante ese tiempo, no encontré a otro hombre y él no encontró a otra mujer porque nos amábamos. El dicho que el verdadero amor espera se deriva de un versículo bíblico que dice: "*el amor es paciente*", y ambos se hicieron muy reales en mi vida. Era un gran riesgo, pero tenía grandes recompensas porque un año después, los dos estábamos esperándonos el uno al otro. Luego tuvimos la capacidad de comenzar de nuevo y esta vez, podríamos hacer las cosas de la manera correcta. Dios es asombroso. Él nos da misericordia y nos permite comenzar de nuevo. Empezamos a salir de nuevo y hubo tentación, pero esta vez sabíamos cómo luchar contra ella. Les pedía a mis amigos que rezaran por mí cada vez que salía con él. Estaban orando por nosotros para no caer. Fue un esfuerzo de equipo. La mayoría de veces, no salíamos solos. No creo que sea tradicional. Estábamos creando límites para protegernos a nosotros mismos, para poder caminar por un camino recto y finalmente tener éxito en el matrimonio.

Mucha gente no cree que el sexo sea un gran problema, pero lo es. Sé lo que el sexo me hace a mí. Sé lo que el pecado sexual hace a las vidas de las personas. Amaba a Abel, pero no podía amarlo más de lo que amaba a Dios o a mí misma. Mi nueva relación con Abel era sobre amistad, en lugar de sexo. Realmente comenzamos a construir algo grandioso. Tres años después de nuestra relación, nos casamos. Fue una hermosa boda. Toda nuestra familia estaba allí. Un año y medio después de mi boda, mi hermosa hermana Jenni falleció. Un maravilloso regalo de Dios fue que toda mi familia se reunió ese día y todos nos llevábamos bien. Fue un día tan alegre. Sentí que mi sueño finalmente se había hecho realidad. Me había casado con el hombre de mis oraciones y estaba rodeada de todos los que amaba.

El día de mi boda, cuando me acercaba al pasillo, miré hacia Abel y lo vi llorar tan pronto como me vio. Mi hermano Lupe me acompañó hasta la mitad del pasillo antes de que me entregara a mis padres para caminar el resto del camino hacia Abel. La caminata fue tan larga porque no podía esperar para llegar a él. Nos casamos en un lujoso techo del Marriott en Playa Del Rey. Ese fue uno de los mejores momentos de mi vida.

Cada vez que voy a una boda, no miro a la novia. En cambio, miro al novio para ver su reacción cuando ve a su novia. Siempre quiero ver si comienza a llorar cuando ven a su novia porque me deja ver la emoción y la alegría cuando ven a su novia por primera vez. Abel tenía esas emociones para mí y era todo lo que siempre había deseado.

Le dije a Abel que iba a orar hasta el día de nuestra boda para pedir la bendición de Dios. Quería casarme con el hombre que Dios sentía que era correcto para mí y si Dios me hubiera dicho que Abel no era ese hombre, entonces no iba a caminar por el pasillo. Cuando Abel me vio, sabía que Dios había bendecido nuestro matrimonio y yo había recibido la confirmación que necesitaba. Fue entonces cuando realmente comenzamos nuestra vida juntos.

Abel y yo siempre tuvimos una gran conexión, así que pensé que el sexo sería fácil, pero no fue así. Noté que el enemigo hace que la fornicación sea sexy y divertida, y que el sexo en el matrimonio sea perturbador y gravoso. Nuestra vida y nuestro matrimonio comenzaron a desmoronarse debido al sexo. El hecho de haber sido víctima de abuso sexual fue un gran problema para nosotros. Tuve muchos traumas y me estaban afectando, y eso fue difícil en nuestro matrimonio. Aunque habia tenido sexo con otras personas antes que con Abel, nunca lo había analizado. Normalmente, después del sexo me iba a casa y lloraba en lugar de enfrentarme a los problemas. Una vez que analicé por qué el sexo me causaba angustia emocional, me di cuenta de muchas cosas sobre mí misma. Aprendí que no me gustaba la luz cuando teníamos relaciones sexuales y que mantenía los ojos cerrados. Durante el sexo, me volvía muy tensa y temerosa. Nunca fui libre cuando estábamos teniendo sexo. Siempre fui resguardada porque no me gustaba que me tocaran ciertas partes de mi cuerpo y hay ciertas cosas que no hago debido a lo que Trino me hizo. Cuando había cosas que me gustaban, me sentía sucia por disfrutarlas, ya que el abuso sexual me engañaba y me hacía pensar que el sexo era algo malo.

Cuando tengas relaciones sexuales con tu marido, deberías sentirte libre y deberías ser capaz de ser vulnerable. Es un momento para entregarte a tu pareja, pero cuando tienes traumas, tiene cientos de reglas y el sexo se vuelve muy difícil y complicado. Puedo decir esto ahora porque lo he analizado y entiendo qué lo causó, pero cuando estaba sucediendo no tenía idea de por qué me sentía así. Todo lo que sabía era que el sexo causaba emociones serias que no podía controlar. Mi esposo no sabía por qué no podíamos encender la luz o por qué no podía besar mi cuello. Cuando hacía esas cosas, inmediatamente me enojaba con él y comenzaba a gritar cosas irrespetuosas. Yo lloraba y lo atacaba. Me levantaba y me iba justo en el medio y los dos no teníamos idea de lo que estaba pasando. Pronto descubrimos que estaba siendo afectada por mi trauma y también él estaba siendo afectado. Abel también sufrió abuso sexual de una manera que nunca habíamos considerado. Como soy la única persona con la que ha tenido relaciones sexuales, descubrimos sus traumas juntos.

Pronto comencé a retroceder en mi proceso de sanidad. Me estaba volviendo amargada y silenciosa de nuevo. Me estaba convirtiendo en la Rosie que era antes de que Cristo me restaurara. Me estaba aislando y empecé a maldecir nuevamente. Ya no me conocía a mí misma. Mediante la oración y el auto análisis, me di cuenta de que todo comenzó desde que Abel comenzó a tocarme cuando estaba durmiendo. Ambos estaríamos dormidos, y se despertaría excitado e intentaría tocarme para excitarme y así poder tener sexo. Él no tenía idea de que este era uno de mis más grandes traumas. Abusaron de mi cuando estaba durmiendo y eso me desalentó. Trino esperaba hasta que todos estuvieran dormidos y luego iba a la sala para abusar de mi. Cuando Abel hacía eso, me sentía rota de nuevo. Aunque Abel sabía que habían abusado de mi sexualmente, no conocía todos los detalles. Le decía que no me tocara mientras dormía, y continuaba intentándolo sin comprender la profundidad de mi dolor. Lo haría una y otra vez, y no entendía por qué. No sabía cómo comunicarle lo que me pasó en detalle porque era doloroso, y así continuó. Nunca pensó que me volvería a traumatizar y yo tampoco. Pronto se dio cuenta de que no podía detenerse. Lo hizo una y otra vez y no entendió por qué no podía controlarse. Fue una muy simple solicitud mía y realmente me hizo sentirme no amada cuando no tuvo en cuenta mi pedido. Pensé que era fácil para él detenerse y que al propósito no paraba. Llegué al punto en que comencé a odiarlo de la misma manera que odiaba a Trino.

A través de largas y dolorosas conversaciones, descubrimos que Abel también había sufrido abuso sexual. Sus tíos le mostraban pornografía cuando solo tenía 5 años. Pensaron que eso es lo que se hace con los niños para mostrarles cómo ser hombres. Lo consideraron educación sexual. Era muy común y normal para ellos. Abel me hacía lo que veía en los videos de pornografía que había visto. Esas imágenes de se integraron en su cerebro. Abel nunca pensó que estaba mal que un niño de 5 años mirara porno. No creía que lo que veía estuviera mal porque sus tíos lo hacían parecer como algo normal. Fue a través de esos videos pornos que aprendió a iniciar relaciones sexuales mientras yo dormía. Finalmente descubrimos que había sufrido abuso sexual y que también necesitaba sanidad. Descubrimos eso después de 3 años de horribles experiencias sexuales. Dos personas que realmente se amaban, apreciaban y respetaban entre sí, ahora se odiaban por el sexo. No pude soportarlo. Me sentí traumatizada de nuevo. Me sentí 100% emocionalmente desordenada. Me sentí como si tuviera 8 años de nuevo y no sabía qué hacer. Decidimos tomar un descanso del sexo y buscamos consejería. Hicimos consejería individual y consejería para parejas también. Comenzamos un nuevo proceso de sanidad. No fue que Dios no nos había sanado por completo; fue que Dios había revelado algo profundamente dentro de nosotros dos que ahora teníamos la fuerza y la capacidad de sanar. Cuando Dios revela algo roto en nosotros, Él lo restaurará.

Dios Tiene La Pareja Perfecta Para Ti

Durante mucho tiempo, estaba confundida. Pensaba: *"¿Por qué Dios pondría a una mujer que había sido traumatizada porque fue abusada sexualmente mientras dormía, con un hombre al que se le enseñó a hacer exactamente eso?"* No lo entendía. Tenía que recordar dejar de preguntarle a Dios por qué y en cambio preguntar, para qué. Dios nos dio su bendición a nuestro matrimonio; por lo tanto, algo bueno iba a venir de allí. Mantuve nuestra vida sexual en secreto porque no sabía cómo decirle a la gente que sentía que mi esposo estaba abusando de mi, aunque no fuera su intención hacerlo. Abel nunca quiso lastimarme. Todo lo que quería hacer era amarme, pero no pude recibir su amor de la forma en que lo estaba entregando. Tomó mucha comunicación para solucionar nuestros problemas. Fue al hablar entre nosotros que ya no sentía ira hacia él y, en cambio, desarrollé compasión por él. Hice sus necesidades importantes también. Lo vi como un individuo que necesitaba sanidad y no como el abusador que intentaba lastimarme. Una vez que nos dimos cuenta de nuestros dos problemas, finalmente pudimos sanar. Les preguntaba a mis amigas si sus maridos trataban de tener relaciones sexuales con ellas cuando dormían, y ellas respondían que sí. Pensaban que era muy normal y lo disfrutaban. No podían entender por qué no sería placentero para mí. Aprendí que no podía comparar mi matrimonio con el matrimonio de mi amigas porque cada uno tenia una situación diferente.

Las cosas se pusieron tan mal, que Abel y yo estábamos a punto de divorciarnos. Nos maldecimos el uno al otro y nos dijimos cosas muy terribles. Estaba molesta porque nuestra discusión fue por sexo otra vez. Pensé que nunca iba a escapar de la maldición del abuso sexual. Pensé que esto era solo mi vida y que tenía que acostumbrarme. Le agradezco a Dios por Abel porque él continuó luchando por nuestro matrimonio cuando ya no pude seguir luchando. Seguimos yendo a la consejería y fuimos restaurados. Fui sanada de nuevo, y me entendí a mí misma nuevamente. Abel pasó por el proceso de sanidad por primera vez, y nos acercó más. Ahora creo que fue beneficioso que Dios uniera a dos personas como nosotros. Dios sabía exactamente lo que estaba haciendo.

Muchos que se casan sienten que tendrán una recaída cuando se trata de sexo, pero es solo un sentimiento. Pueden sentir que el proceso fue incompleto o que nunca se sanarán, pero todo continúa su curso hasta que esté completo. Estás en una temporada diferente en tu vida y pueden surgir diferentes cosas, pero debes seguir avanzando. No podría haberlo hecho sin mi esposo. Si me hubiera casado con un "hombre normal", nunca hubiera sabido esto sobre mí y hubiera sido un trauma subyacente que eventualmente surgiría. Con Abel, pude sanarlo y restaurarlo. Mañana puede traer una temporada diferente y puedo ser afectada por el trauma otra vez, pero sé que, guiados por Cristo, mi esposo y yo podemos superar cualquier cosa.

Estoy feliz de saber que ahora, Abel puede ayudar a otros hombres que han pasado por situaciones similares. Me alegra que podamos informar a nuestra comunidad sobre las repercusiones de la pornografía y las relaciones sexuales prematrimoniales, hacerles conscientes de la importancia de la pureza sexual y la educación, y lo que deben enseñarles a sus hijos. La educación sexual nunca debería incluir pornografía. Esto es algo sobre lo que las mujeres no tienen idea porque no está dentro de nuestra cultura. Los muchachos que fueron criados de esta manera, se convierten en hombres adictos a la pornografía y eso obstaculiza sus relaciones.

Abel y yo hemos enfrentado enormes obstáculos, y estamos felices de haber podido superarlos juntos. Ahora nuestra vida sexual es sana y placentera. Quiero que tu vida sexual sea saludable y agradable también. Si puedes aprender de mis experiencias, todo valdrá la pena. Es un proceso muy difícil, pero cuando lo superas, tu relación será mucho más fuerte. Será mucho más profundo y sustancioso.

Sexo Antes Del Matrimonio

Muchos pueden pensar que el sexo antes del matrimonio no es un pecado, pero lo es. Hay muchos tipos de pecados. Por ejemplo, no hay que robar, matar, ni cometer adulterio. Cada pecado, excepto uno, lastima a otras personas. Hay un pecado que te lastima a ti. Ese es el pecado de la impureza sexual. Es como tomar un cuchillo y apuñalarse. Para Dios, es muy serio porque no quiere que te lastimes a ti mismo. La abstinencia es muy importante porque espiritualmente, lo que le haces a tu alma cuando tienes relaciones sexuales fuera del matrimonio, es muy dañino. Cuando estás dañado, roto o herido emocionalmente, es difícil construir una relación. Es por eso que la abstinencia es un límite puesto para protegernos de nosotros mismos. Dios no está reteniendo algo bueno de nosotros al ordenar la pureza sexual antes del matrimonio, simplemente lo está guardando para el momento correcto. Necesitamos mantener nuestra alma, cuerpo y mente sanos. Es algo que debemos hacer por nosotros mismos y también por nuestra futura pareja.

Si comenzamos una relación con la fundación equivocada, eventualmente se derrumbará. Como cristiana, tengo una mente abierta acerca de las tendencias culturales y dejo que las personas sean guiadas por el Espíritu Santo, en lugar de decirle a la gente lo que no deben hacer. Por ejemplo, cuando la gente me pregunta sobre beber una copa de vino, usar pantalones rotos o incluso hacerse un tatuaje, mi respuesta es: "*Pregúntale al Espíritu Santo*", pero cuando se trata de sexo, soy un firme creyente de que debes esperar por el matrimonio. La Biblia lo dice claramente y advierte contra ello.

El sexo puede ser muy dañino. Conocí a hombres maravillosos con los que podría haber tenido una gran vida, pero como tuvimos relaciones sexuales antes del matrimonio, nos saboteamos. Una vez que empiezas a tener relaciones sexuales, todo se trata de contacto físico en lugar de conocer el carácter del otro. Es mejor esperar hasta que desarrolles una base sólida con tu pareja.

Cuando te casas y quieres tener una mejor vida sexual, aquí hay algunos consejos que puedes usar para ayudarte durante el proceso.

A) Haz una lista de lo que te afecta negativamente por el trauma durante las relaciones sexuales y consulta a un consejero para resolverlo.

B) Habla con tu pareja sobre tu lista y trabaja para crear nuevos recuerdos. Si es muy doloroso recrear, simplemente pídale que se abstengan de hacer esas cosas hasta que puedan volver a intentarlo.

Tienes que analizarte a ti misma para transformarte. Será extremadamente difícil, pero vale la pena. Te darás cuenta de ciertas cosas sobre ti que quizás no quieras que otros sepan. Durante muchos años, no podía hablar sobre mi adicción a la pornografía y el sexo porque estaba avergonzada. Empecé a ver pornografía a la edad de 11 años. No es normal que una niña pequeña sea adicta a la pornografía. Tuve que volver a la raíz de donde comenzó todo para comprender mi comportamiento.

El amor de Abel por mí es tan profundo que estuvo dispuesto a aceptarme con mis traumas y defectos. Eso es muy importante en el matrimonio. Tienes que aceptar a tu pareja completamente tal como es. Antes pensaba que tenía que cambiar para ser amada, pero el amor verdadero te acepta y te ama tal como eres. Su amor me motivó a trabajar en mi transformación porque sabía que me amaría a través de todo. Aprendí a amar a Abel por todo lo que era en el proceso.

Abel y yo hablamos en detalle sobre todos mis traumas y decidimos crear nuevos recuerdos, y eso dio un paso de valentía en ambos extremos. Tomó un tiempo y tomó prueba y error. A veces fue maravilloso y otras veces fue difícil. A veces teníamos que parar porque era demasiado difícil para mí, pero no nos dimos por vencidos. Fuimos pacientes. Abel estaba orgulloso de mí por intentarlo. Ahora tengo nuevos recuerdos positivos donde existieron recuerdos negativos. Con el tiempo, podemos borrar lo que nuestros abusadores nos hicieron.

Aprendiendo a manejar nuestros momentos candentes

Odiaba cuando Abel me besaba en el cuello e inmediatamente comenzaba a llorar. Ahora cuando lo hace, me trae una sonrisa a la cara. Ahora puedo tener relaciones sexuales con la luz encendida y puedo abrir los ojos. Puedo disfrutar completamente haciendo el amor con mi esposo, que es algo que nunca pensé que podría decir. Ha tomado mucho trabajo y todavía requiere trabajo hasta el día de hoy. Ahora, si Abel hace algo y me trae trauma, inmediatamente me detengo y trato de llegar a la raíz para que podamos curarlo. Este proceso me hace sentir amada y es la base de nuestro matrimonio. Esto es algo muy difícil de lograr, pero mi esposo está dispuesto a hacerlo por mí porque me ama. Ha decidido amarme con todo lo que soy y con toda la carga que traigo. Sé en carne y hueso que soy amada por este hombre porque ha trabajado mucho por mi. Lo amo y lo respeto por eso. Hice lo mismo por él en su proceso de sanidad del abuso sexual.

Antes de buscar una pareja, debes sanar. Las personas que no están sanas y buscan relaciones, terminan saliendo con personas que son como sus abusadores. Analicé el tipo de hombre que estaba eligiendo, y me di cuenta de que estaba buscando hombres que fueran como Trino. Mis amigos comenzaron a decirme que estaba eligiendo mal a los hombres y eso me abrió los ojos. Tienes que escuchar a las personas que te quieren porque tal vez puedan ver lo que no puedes ver. El dolor nos ciega.

Muchas mujeres buscan parejas simplemente porque no quieren estar solas. Esos tiempos solos son cuando creces más y cuando puedes sanar. Solo tienes que lidiar con tu equipaje y el de nadie más. Aunque ser soltera es difícil porque no tienes a alguien que te ayude o te diga que eres hermosa, es un buen momento porque te conoces a ti misma. Cuando me volví abstinente, comencé a mirar hacia atrás a todos los hombres con los que había elegido salir y me di cuenta de que buscaba hombres mayores porque Trino era mayor. Salí con hombres que eran muy controladores y manipuladores porque Trino lo era. Me había convertido en masoquista porque Trino era sádico y me amenazaba. Tuve que analizarme a mí misma y luego desintoxicar esas malas costumbres. Fue doloroso darme cuenta de que mi abusador había dado forma a mi ser sexual, pero fue enriquecedor saber que tuve la oportunidad de remodelar lo todo. Sabía que tenía que buscar nuevas cualidades en los hombres si quería un resultado diferente para mi vida.

Seleccionando a la pareja adecuada

Ahora entiendo que cuando los hombres me lastimaban, lo permitía porque no me amaba a mí misma. Sentí que merecía el castigo y permitía que continuara. Inconscientemente entraba en esas relaciones a propósito. Buscaba personas que no eran saludables mentalmente o emocionalmente y decía: "*Parece que él necesita ayuda*", y salía con ellos. Estaba saboteando mi vida amorosa. Realmente no podía ayudarlos, y no podían ayudarme a mi, pero no me sentía digna de alguien que estuviera completo, así que me conformaba con menos; Alguien como yo.

Lo que aprendes primero, generalmente queda grabado en tu mente, y el abuso sexual fueron mis lecciones de la infancia. Las víctimas de abuso sexual generalmente hacen una de dos cosas poco saludables, ya sea buscar parejas sexuales con características similares a las del abusador o ir al extremo opuesto para tratar de evitar el dolor. Lo hice todo y entré en relaciones del mismo sexo tratando de evitar el daño que me causaron los hombres. No estoy implicando que todas las relaciones del mismo sexo comienzan de esta manera, pero creo que muchas han venido de la exposición sexual insalubre a una edad temprana. Necesitamos analizarnos a nosotros mismos y luego desintoxicarnos de todas las decisiones negativas que hemos tomado en el pasado. Eventualmente, pude limpiar la pizarra y elegir a un diferente hombre. Mi tipo anterior había sido seleccionado por una Rosie enferma. Ahora estaba sana, había llegado a conocerme y pude seleccionar un mejor hombre para mi vida. Una vez que sanas, sabrás exactamente lo que necesitas y lo que no permitirás en tu vida. A veces todavía no sabemos lo que queremos porque nunca lo hemos visto, pero como mínimo, aprendes lo que no quieres.

Determinando que es tu"Tipo"

No puedes tener el mismo tipo que tus amigos, hermanas o madre. Tienes que tener tu propio tipo porque eres tu propia persona. Está bien si tus amigos salen con hombres mayores que tienen mucho dinero porque ese es su tipo. No tiene que gustarte lo que a ellas les gusta. Aprendí que mi tipo tenía que ser diferente ahora. El hecho de que hayas estado atraída por cierto tipo de hombres durante toda tu vida, no significa que no puedas cambiarlo. Una vez que realmente te ames a ti misma, ya no elegirás a una pareja que te lastime o te falte el respeto.

Cuando conocí a Abel, él era 100% diferente de con quien normalmente estaba acostumbrada a salir. En su físico, era el igual. Todavía me gustaban los mismos razgos. Me encantaba el pelo oscuro de Abel, los hombros anchos, la piel morena y las cejas gruesas. Lo que sí cambió fue que ahora me atraían diferentes características. El carácter es lo que debemos mirar profundamente. La Biblia dice que Dios no mira la apariencia externa, sino que mira el corazón. Pensé: *"Dios lo sabe todo, así que haré lo mismo que Él. No voy a amar la apariencia exterior hasta que haya visto su corazón."* Revertí mis prioridades cuando se trataba de seleccionar hombres. Empecé a mirar el corazón de los hombres primero. Decidí hacer de la atracción física una prioridad secundaria. Por físico me refiero a su apariencia, su automóvil, su educación y su casa. Está bien fijarse en esas cosas, pero solo después de evaluar quiénes son por adentro. Lo físico desvanece, el dinero va y viene, pero el personaje puede construir o hacerle daño a la relación.

Cuando conocí a Abel, supe que él era diferente de los hombres con quien había salido antes. Él tiene un corazón misericordioso. Él perdona fácilmente, aun no puedo creer las cosas que le confesé y que él ha podido perdonar. Además de perdonarme, nunca lo menciona de nuevo. Es un buen hombre, pero más que eso, es un hombre piadoso.

Abel es muy suave, y pensé que quería un hombre duro. Él es todo lo que necesitaba. Necesitas encontrar exactamente lo que necesitas también. Mi consejo para las mujeres es que se fijen en el carácter de un hombre para salir con él. Observa cómo trata a su madre, a sus hermanas, a los hombres de su vida y a los extraños. También es muy importante saber cuáles son sus pensamientos sobre Dios. Entonces sabrás cómo te tratará.

Historia De La Biblia Génesis 17:17-21

"Abraham cayó boca abajo; se rió y se dijo a sí mismo: "¿Un hijo nacerá de un hombre de cien años? ¿Sara tendrá un hijo a la edad de noventa años? "Y Abraham le dijo a Dios: "¡Si Ismael solo pudiera vivir bajo tu bendición!"

Entonces Dios dijo: "Sí, pero tu esposa Sara te dará a luz un hijo, y lo llamarás Isaac". Estableceré mi pacto con él como un pacto eterno para sus descendientes después de él. Y en cuanto a Ismael, te he oído; ciertamente lo bendeciré; Lo haré fructífero y aumentará enormemente su número. Él será el padre de doce gobernantes, y lo haré una gran nación. Pero mi pacto lo estableceré con Isaac, a quien Sara lo sostendrá en este tiempo el próximo año."

Abraham y Sarah tenían una gran promesa para sus vidas. Dios tenía un gran plan para ellos y le prometió que se convertiría en una gran nación. Dijo que sus generaciones iban a ser más que las estrellas en el cielo. Tenían la promesa de una gran generación, pero no podían tener hijos. Sarah no fue capaz de concebir, y simplemente no tenía sentido. Dios les dio la promesa de darles un hijo. Pasaron muchos años, y no pensaron lo que Dios les dijo sucedería. De hecho, pasaron 24 años, y Dios le dijo a Abraham otra vez: *"Voy a darte un hijo."* En los estándares actuales, Abraham era demasiado viejo para poder concebir un hijo con Sara. Abraham estaba incrédulo y se rió ante la idea de que Sarah tuviera un hijo a su edad. Abraham había olvidado que Dios podía hacer milagros.

Tres ángeles vinieron a visitar a Abraham y Sara. Los ángeles le dijeron a Abraham:"*¿Dónde está Sara, tu esposa?*" Estuvieron allí todo el día y todavía no la habían visto, y eso fue muy extraño. Por lo general, las mujeres les servían a los hombres, o estaban en la conversación. Los ángeles señalaron lo extraño que era que ella no estaba allí. Tres veces, los ángeles le preguntan a Abraham: *"¿Dónde está tu esposa Sara?"* Eso me dijo algunas cosas. ¿Por qué se le debe recordar a Abraham que Sara es su esposa? Si le preguntas a mi esposo dónde está su esposa, él sabe que mi nombre es Rosie y que no tienen que recordárselo. Ese es Dios diciéndole a Abraham que no había tratado a Sara como a unasu esposa. La había tratado como hermana, compañera de cuarto, compañera de negocios, pero no como a una esposa. Él no la honraba ni la respetaba.

Si un ángel aparecía en mi casa, Abel me llamaría. Esto me hizo saber que había algo más profundo que aprender aquí. Abraham no estaba compartiendo una de las mejores experiencias de su vida con Sarah. En cualquier matrimonio honorable, una pareja comparte sus alegrías entre sí. Ella no se sentía bienvenida en su propia sala. Esto me dice que aunque este es un matrimonio unido por Dios, no es un matrimonio honorable. Pasaron 24 años para que Abraham y Sara se convirtieran en un matrimonio honorable para que Dios los bendijera con un hijo. Por lo general, creemos que Abraham y Sara estaban esperando a Dios, pero en realidad era al revés. Dios estaba esperando que Abraham y Sara tengan sus vidas en orden antes de poder traer un niño al mundo.

En la Biblia, dice que Dios espera que las personas estén en buen estado para bendecirlos. Dios muchas veces nos está esperando. Si Dios nos bendice en el momento equivocado, causará caos. Su vida tenía que estar en orden para que Dios los pudiera bendecir con un niño, para que no causen daños a las generaciones futuras. En dos ocasiones, Abraham llamó a Sara su hermana. Se lo dijo a un faraón y se lo dijo a otras personas. Estaba mintiendo por miedo y no la estaba honrando como su esposa. También hubo falta de comunicación en esta pareja. Él no le estaba diciendo que había ángeles en su casa y no le decía si creía en las promesas de Dios. Sarah no creía que quedaría embarazada a pesar de su vejez porque había falta de comunicación durante tantos años.

Pronto, comenzaron a honrarse el uno al otro. Abraham comenzó a tratarla como su esposa, pareja y amante. Ya no la consideraba su hermana o compañera de cuarto. Ella comenzó a respetarlo y honrarlo a cambio. Ella comenzó a comunicar sus miedos y se convirtieron en más que compañeros de cuarto. Después de que comenzaron a honrarse el uno al otro, es cuando ella quedó embarazada. No era que Dios estaba reteniendo su bendición, era que Dios era tan bueno con ellos, que necesitaba que sus vidas estuviera en orden antes de poder bendecirlos. Dios no quería que lastimaran a Isaac o a ellos mismos. Eso es muy importante para que los matrimonios sepan. Para que podamos recibir nuestras bendiciones, debemos estar listos. Es como darle a un niño de 12 años las llaves de un automóvil muy rápido. Sabemos que podrían suicidarse debido a la velocidad o porque no podrían ver sobre el volante. Dios sabía que Abraham y Sara no estaban listos para su bendición. Necesitaban aprender a respetar, admirar, amar y honrarse unos a otros primero. Ese proceso tomó 24 años. No te desilusiones ni te desalientes porque estás en el quinto año de matrimonio y no es perfecto. Los maestros de la Biblia me han enseñado que lleva 10 años para que una pareja se convierta en una sola carne. Muchas personas piensan que sucede la noche en que se casan, pero convertirse en una sola carne es mucho más que sexo.

El Tiempo Perfecto De Dios

Necesitamos evaluar nuestras vidas y ver dónde necesitamos crecer o dónde tenemos que sanar para recibir nuestras bendiciones. Todas las promesas que Dios le hizo a Abraham, se hicieron realidad a pesar de sus risas y faltas de fe. Dios siempre cumple. Puede que no recibamos nuestras bendiciones cuando las queremos, pero sabemos que las recibiremos cuando estemos listos.

El matrimonio no se trata de dos personas incompletas que se unen porque las personas se completan entre sí. Se trata de dos personas enteras que se unen. Entero no significa que no tengan un pasado. Simplemente significa que han superado su pasado y se encuentran en un lugar donde ya no están lastimando a otros debido a su pasado. Es probable que en el futuro, tus traumas del pasado aparecerán, pero es algo por lo que puedes superar, en lugar de huir.

Convirtiéndote en la pareja que buscas

No puedes esperar que tu pareja esté bien con una persona que está 50% dañada cuando han trabajado para estar 100% sanadas para ti. Ese tipo de asociación solo puede durar tanto tiempo. Si no has podido lidiar con tu dolor, ¿Cómo esperas que tu pareja lo solucione? Eso no significa que tengas que ser perfecta porque nadie lo es, pero a menudo tenemos expectativas muy altas para nuestras parejas y no las tenemos para nosotras mismas.

Muchas personas tienen ciertas expectativas sobre el matrimonio y se molestan cuando las cosas no salen según lo planeado. Por ejemplo, yo esperaba que mi esposo necesitara que yo fuera una gran cocinera como mi madre, y yo esperaba que Abel fuera un gran hombre de negocios como mi padre. Lo peor es que Abel no tenía idea de lo que esperaba, y mucho menos de cómo cumplir mis expectativas irracionales. Algunas expectativas son racionales y comunes, pero no comunicar tus expectativas es perjudicial para el matrimonio. En un momento, era común que las mujeres quisieran casarse antes de los 30 años, y ahora, a los 33 años, sienten pánico al encontrar a alguien sin haber hecho primero el trabajo interno. Se casaron estando enamorados de la idea del matrimonio en lugar de elegir sabiamente. Es por eso que las tasas de divorcio son tan altas. En California, el 75% de los matrimonios fracasan. Lo mejor es enfocarte en ti misma y luego buscar a tu pareja. Incluso si tienes 40 años o 50 años, eso no significa que hayas perdido tu tiempo. El amor es posible a cualquier edad. Invierte el tiempo para trabajar en ti misma porque realmente lo vales. Invierte en tu mente, en tu espíritu e invierta en ser sanada. Esa es la mejor manera de encontrar a tu pareja. El trabajo duro que haces ahora, definitivamente cosecharás más tarde. Tendrás un matrimonio mucho más alegre y victorioso si sigues esta ruta.

Oración

Creador, tú me conoces. Conoces todos los traumas que tengo y sabes cómo soy. Conoces mis virtudes y mis defectos. Conoces cada necesidad que tengo, y me conoces mejor de lo que yo sé. Sabes que me encantaría tener una pareja maravillosa y un matrimonio saludable. Donde sea que estés en mi vida, siempre ayúdame a ver lo que ves. Conoces mis tendencias y mis traumas, y confío en que lo que reveles, podrás curar. Lo que sea que reveles, yo podré enfrentarlo, y podrás restaurarlo. Por favor, ayúdame a honrarme, honrar a quienes me rodean, y tener mi vida en orden para que puedas darme mis bendiciones. Por favor enséñame a honrarme a mí misma. Por favor, ayúdame a honrar a mi pareja, incluso si hemos tenido tres peleas esta semana. Por favor ayúdanos a honrarlo en todo lo que hacemos. No quiero continuar haciéndote esperar, Señor. Quiero estar lista para tus bendiciones. Dame las herramientas, la fuerza y el amor propio que necesito para continuar en este viaje. Quiero ser capaz de obtener el personaje que se necesita para seguir caminando en su jornada. Sé que tienes grandes planes para mí. Tienes planes de paz para mí y no me vas hacer daño. Confío en ti y te agradezco por el tiempo que me has hecho esperar. En mi tiempo de espera, ayúdame a crecer y obtener el carácter de una buena esposa, mujer y madre para no lastimar a los demás. En el nombre del Señor Jesús. Amén.

11

Amándola a pesar de todo

Abel Flores

Un buen matrimonio no es cuando la 'pareja perfecta' se une.
Es cuando una pareja imperfecta aprende a
disfrutar de sus diferencias.
- *David Meurer*

Todos merecen ser amados. Ya sea que hayas sido abusada sexual, verbal o físicamente, mereces ser amada de la manera que Dios quiso; Completamente y con todos tus defectos. Mi madre me enseñó esta lección. Al crecer, fui testigo de hombres aprovechando y abusando de ella, y prometí ser diferente. Esa lección fue increíblemente dolorosa, pero me ha convertido en el hombre que soy hoy.

Cuando conocí a Rosie en la iglesia y la escuché compartir su historia, supe que ella era diferente de las otras chicas. Su historia era como la de mi madre y sabía que podía ayudarla a superarla. Pude ver que teníamos muchas diferencias, pero nada de eso importaba. Me preocupaba por lo interno de ella y no por lo externo. La mayoría de los hombres huyen de las mujeres "con problemas", pero yo no soy ese tipo de hombre. Vi que Rosie necesitaba amor y protección, y eso me atrajo hacia ella. Sabía que nunca podría hacer que olvidara su pasado, pero sabía que podría ayudarla a superarlo. Ha sido difícil, pero nos ha acercado. Rosie no es solo mi esposa, sino la mujer más importante de mi vida. Cuando ella se siente bien, yo me siento bien y cuando ella se siente mal, yo me siento mal. La amo con todo lo que tengo dentro de mí y eso es algo que nunca desaparecerá.

Cuando te enamoras de alguien, no solo estás aceptando lo mejor de ellos, sino también sus traumas y defectos del pasado. Con Rosie, he tenido muchos días en los que se ha desencadenado y su trauma pasado aparece como un volcán, pero en lugar de juzgarla, estoy allí para asegurarme de que lo supere. Entiendo completamente que ella no quiere sentirse así, y se convierte en ambos luchando contra esa memoria negativa, y estoy preparado para ese desafío hoy y para siempre. Amo a mi esposa y se lo mostraré a través de mis acciones. Si pudiera regresar y luchar contra su abusador, lo haría, pero no puedo. Por lo tanto, hago lo que puedo ahora porque la amo, y quiero verla sonreír.

Existe un concepto erróneo del matrimonio que se supone que es 50/50. Rosie y yo hemos aprendido que es 100/100 e incluso ahora, es un desafío. Muchas veces pensamos que cuando le damos el 100% a nuestra pareja, se supone que debemos recibir el 100% de regreso, pero fluctúa. Todos estamos pasando por algo, y algunas veces nuestro esposo o esposa solo puede darnos un 30% porque eso es todo lo que tienen para dar. Es en esos momentos que debemos darles el 100% para que puedan volver a subir al 100%. Necesitamos ser comprensivos y compasivos en la vida, especialmente con el amor de nuestra vida. Las acciones son los mejores motivadores, especialmente cuando se hacen con amor.

Había escuchado sobre Rosie y la había visto, pero se hizo memorable cuando el pastor Pete le pidió que compartiera su historia, y supe que ella era una cristiana nueva que estaba luchando. Su vida necesitaba cambiar por completo, y estaba comenzando su viaje de restauración. Cuando la oí hablar, me di cuenta de dónde venía y cómo se convirtió en quien era. Ella le contó a la congregación cómo había pasado por altibajos y cómo Jesús cambió su vida. Sentí una conexión entre su historia y la historia de mi madre. Además del trauma del pasado, Rosie también era una madre soltera como mi madre. Nos hicimos amigos distantes y ocasionalmente nos saludábamos cuando nos veíamos en la iglesia. Aproximadamente dos años después, comenzamos a construir una amistad. Rosie es honesta, fuerte, ingeniosa, divertida, y todo lo que hicimos, no importa cuán mundano, se convirtió en diversión. Disfruté nuestras bromas lúdicas y acaloradas discusiones sobre diferentes temas. Incluso a través de nuestra amistad, experimentamos escenarios que me recordaron lo que pasé con mi madre. Cuando Rosie era afectada por su trauma, supe que no era necesariamente lo que estaba sucediendo actualmente, sino que tenía que ver con lo que le había pasado en su vida. Su trauma seguía apareciendo y sabía que podría afectarla en cualquier momento. Yo quería ayudarla. Me convertí en un consolador en su vida. Al igual que mi madre, quería protegerla y ayudarla a superarlo.

Nos enamoramos de personas que nos recuerdan a nuestros padres

Mi madre es una sobreviviente. Ella sufrió un trauma varias veces en su infancia. Ella me tenía cuando tenía 16 años. Fuimos solo nosotros dos durante los primeros diez años hasta que llegaron mis hermanos pequeños. Ella era madre soltera todo el tiempo. Al crecer, fue difícil para mí entender por qué ella actuó de ciertas maneras. Pensaba que mi madre era mala, sobre protectora y autoritaria. Cuando fui creciendo, empecé a darme cuenta de que tenía desencadenantes. Fue entonces cuando le pregunté sobre su pasado y ella me explicó lo que sucedió en su infancia. Pude comprender su comportamiento desde ese momento. Además de su actitud explosiva y sobre protectora, también tenía que asegurarse de que todas las puertas y ventanas estuvieran cerradas. No importaba lo caliente que estaba, cada ventana tenía que permanecer cerrada. A través de nuestra comunicación, pude descubrir por qué tenía esas características que parecían extrañas. La ira era la emoción más común que saldría cuando su trauma la afectaba. Una vez que habló conmigo, pude adaptarme y ayudarla de la mejor manera posible para superar la ira. Ya no lo tomé como algo personal cuando me gritaba porque entendía lo que estaba sucediendo eran de un nivel más profundo. No quería ver a mi madre asustada, ansiosa o enojada, así que hice todo lo posible para no provocarla.

Rosie se parece mucho a mi madre y esa es una de las razones por las que soy capaz de entenderla. Uno de los detonantes de Rosie es cuando alguien se parece a su abusador. Aprendí esto cuando estaba viendo mi película favorita, *Empire*, y cuando John Leguizamo apareció en la pantalla, se sintió inquieta porque se parece mucho a su abusador. Sabía que no podía evitar que ocurrieran estos desencadenantes, pero era importante para mí hacerle saber que ella no estaba sola. No hay forma de que podamos evitar que ocurran los detonantes. Es un proceso y tenemos que ser pacientes con aquellos que amamos que están pasando por el TEPT. No quería que viviera una vida de miedo como mi madre, y quería asegurarle que podía sentirse segura conmigo. Decidimos no ignorar estas situaciones y enfrentarlos juntos.

A través de nuestra amistad, nos dimos cuenta de que teníamos la misma visión de vida y objetivos, y terminamos enamorándonos. Además de nuestras similitudes, también somos muy diferentes. Hay tantas cosas que amo sobre Rosie que yo no puedo hacer muy bien, y hay muchas cosas que ella ama de mí en las que no puede realizar muy bien, tampoco. Nos ayudamos unos a otros y complementamos las debilidades y fortalezas de cada uno.

Los obstáculos te acercan

Hemos encontrado obstáculos como todos los demás y hemos luchado por nuestra relación. A pesar de nuestros problemas, decidimos casarnos porque nos amamos. Cuando decides amar a alguien, estás dispuesto a hacer lo que sea necesario para permanecer juntos. El matrimonio no es fácil porque son dos personas con diferencias que se unen para formar una sola carne. Tienes que trabajar en la unidad todos los días. Es difícil, pero vale la pena.

El primer obstáculo que tuvimos que superar tuvo que ver con nuestra vida sexual. Nuestra vida sexual vino con un pasado. El abuso que le había pasado a Rosie la hizo pensar que el sexo no podía ser agradable. No pensé que el sexo pudiera ser malo alguna vez. Crecí en una familia con machistas. Como mi padre no estaba presente, mis modelos masculinos eran mis tíos y eran adictos a la pornografía. Al crecer, vi imágenes de hombres objetivando mujeres y se volvió normal para mí cuando era niño. Nunca me hablaron sobre el sexo y eso fue lo único que sabía. Cuando Rosie y yo tuvimos intimidad por primera vez, simplemente no estábamos en un buen lugar. Las cosas que le hacía en la cama, le recordaban cuando Trino la abusaba. No tenía idea y, por supuesto, me sentía mal cuando lloraba después del sexo. Al principio, no podía entender cómo ella podía mirarme y pensar que intentaría hacer algo para lastimarla. Yo era su esposo y la amaba. Fue difícil para mí superar eso. Al principio, pensaba que mi esposa era sensible a todo y era difícil para mí entenderla. Eventualmente, aprendí que necesitaba dejar ir mi orgullo y entender que no se trataba de mí. Era sobre lo que ella había pasado y si quería pasar mi vida con ella, teníamos que trabajar en ello. Me llevó mucho tiempo entender realmente el trabajo que requería el matrimonio. Cuando ella me decía que no quería que la tocara en ciertos lugares, sabía que no se trataba de mí, sino de su pasado. Antes de dejar de lado mi orgullo y mi ego, lo interpretaba como si ella no me quisiera. Pensé que no le gustaba la forma en que la tocaba o le hacía el amor, y eso lastimaba mi ego. Necesitaba darme cuenta de que no era yo, y era solo por lo que había pasado. Una vez que pude aceptar eso, mi enfoque cambió. Pude no tomarlo como algo personal. Mi objetivo ahora, cuando el trauma le afecta, es ayudarla a superarlo. La forma en que lo superamos es dejando el enojo hacia atrás para que pueda enfocarse en lo que está sucediendo en su corazón. Quería que supiera que no la abandonaría, sin importar de lo que su pasado traerá y pronto, ella comenzó a tenerme confianza y contarme todo. Ella comenzó a compartir cosas que el abusador le hizo y así pude entender completamente sus traumas y su enojo. Ella me empezó decir cuando no se sentía segura. Comencé a darle palabras de aliento y afirmé que ella estaba a salvo conmigo. Le decía que nunca la abandonaría. Le mostraba que la amaba fuera de la cama y que la amaba toda a ella. Me aseguré de que ella supiera que para mi, ella no era un objeto sexual.

La Superación De Su Pasado

Otro obstáculo con el que nos hemos encontrado es sus pensamientos negativos hacia ella misma. En el pasado, tomó malas decisiones debido a su baja autoestima y no creía que se mereciera un buen hombre. Además, ella ha visto y ha estado en relaciones tóxicas. Ella pensó que todos los hombres eran iguales. Sentí que estaba pagando el precio por todo lo que hicieron los demás. En la vida de Rosie, tenía que darme cuenta de que debía dejar a lado mi orgullo. Tuve que dejar de pensar que estaba siendo atacado y tuve que dejar de sentir pena por mí mismo. Necesitaba recordar no solo centrarme en mí, sino en nosotros dos. Ahora si cometo un error y ella se enoja, acepto la responsabilidad, pero si es algo que no parece normal, sé que no se trata de mí sino de su trauma. Al principio, sabía que ella necesitaba apoyo emocional y yo quería ser eso para ella.

Soy un hombre cristiano y he hecho todo lo posible por ser bueno con las mujeres porque vi cómo trataban a mi madre y quería ser mejor que los hombres que había visto. Siempre supe que quería ser un buen hombre y nunca quise ser un hombre promiscuo o alguien que solo piensa en el sexo. Siempre quise construir una amistad primero, en lugar de simplemente tratar de acostarme con mujeres. Mi opinión sobre las salidas con chicas desde que me convertí en cristiano era que esas salidas eran con el fin de llegar al matrimonio y no es solo para divertirse. Al principio, Rosie no podía aceptar eso porque su vida está llena de hombres con diferentes mentalidades. Cuando llegué a su vida, ella me miraba como un tramposo, un mentiroso y alguien que solo quería objetivarla. Llegué a entender que tenía sentido que pensara que todos los hombres eran iguales porque antes que yo, lo eran. Era difícil para ella creer que yo era genuínamente un buen hombre que solo quería amarla bien. Quería que ella me diera una oportunidad y que no me etiquetara, pero como todos los demás hombres de su vida eran así, ¿cómo puedo pedirle eso a ella? Sabía que tenía que demostrárselo primero. Es casi como cuando compras un auto y luego ese auto se descompone, entonces vas a otro concesionario y consigues otro auto, y ese se descompone. Después de un tiempo, comienzas a pensar que todos los autos no sirven. No importaría la marca o el año, solo asumiríamos que todos los autos terminarán dejándote varado. Tenía que entender eso, y eso es lo que me ayudó a ser capaz de entenderla. Eso es lo que me ayuda a seguir adelante. Eso es lo que me ayuda a no tirar la toalla cuando las cosas se ponen difíciles. Sé que puedo ayudar a mi esposa y a mí me gusta hacerlo porque la amo. Cuando encuentras a la persona que realmente amas, estás dispuesto a pasar por cualquier cosa con ella.

Comprendiendo A Tu Pareja

Dios jugó un papel muy importante para ayudarme a entender a Rosie. Llegué a la conclusión de que esto es algo con lo que ella tuvo que lidiar toda su vida, por lo tanto, para mí solicitar o querer algo diferente, simplemente no era realista. Tenía que entender que hemos estado juntos por nueve años, y eso no puede borrar años de abuso y malas relaciones en tan poco tiempo. Lo que es realista es solucionarlo. Desde que hemos estado juntos, he podido cultivar nuevas tierras. Pude ayudarla a crecer y ahora ve cómo los hombres y las relaciones pueden ser diferentes. Se necesita tiempo y paciencia, pero ella lo vale para mí.

También he tenido que entender que ninguna relación es perfecta y todos tenemos altibajos. Vamos a tener días maravillosos donde todo es increíble y luego habrá algunos días malos en los que el trauma volverá. En esos días, sé que ella me necesita más que nunca. En lugar de retroceder o reflejar su comportamiento, le muestro más amor y compasión.

Nos estamos ayudando constantemente. Rosie me ayuda de muchas maneras y la amo por eso. Cuando te casas con alguien, también te estás casando con lo que trae su pasado. Todos lo tenemos. Todos han pasado por algo en el pasado. Lo que aprendí es que no se trata de arreglar el pasado del otro, sino de amarse el uno al otro a pesar de eso.

Dando el 100% en tu matrimonio

Muchas veces, hablamos de que en el matrimonio debemos dar 50%-50%, pero no creo que esa sea la mejor manera de triunfar en el matrimonio. En el matrimonio, debes dar el 100% independientemente de lo que te dé tu cónyuge. Muchas veces, tu cónyuge está agotado emocionalmente, mentalmente o físicamente y no puede dar el 100%. No es momento de retroceder y decir: "B*ueno, no me están dando el 100%, entonces ¿por qué debería hacerlo?*" Es entonces cuando los amas aún más. Ha habido muchas ocasiones en las que no puedo dar el 100%, y Rosie me ama a través de eso. Nadie es perfecto y todos somos un trabajo en progreso. Siempre estamos evolucionando para convertirnos en mejores versiones de nosotros mismos. Todos tenemos problemas por los que estamos tratando de superar.

Durante nuestros tiempos difíciles, Rosie y yo hemos estado en oficinas de divorcio. Ambos estábamos siendo egoístas y no queríamos ver los puntos de vista de cada uno. Queríamos amarnos a nosotros mismos y no a cada uno. Fue entonces cuando las cosas tuvieron que cambiar. Tuvimos que mejorar en la comunicación y ambos necesitábamos comenzar a dar el 100%, en lugar de retirarnos cuando sentimos que el otro no estaba dando poniendo todo su esfuerzo en la relación. Conseguimos un grupo de apoyo y lo superamos. Estoy tan contento de haber superado esos obstáculos porque no puedo verme a mí mismo sin Rosie. Ella es el amor de mi vida.

Cuando escuché por primera vez a Rosie hablar sobre su pasado, pensé que sabía cómo ayudarla porque había ayudado a mi madre con sus traumas mientras crecía, pero nada podría haberme preparado para los obstáculos que hemos pasado. No es lo mismo cuando es tu madre porque quieren esconderte los detalles para no lastimarte. Con tu esposa, conoces todos los detalles y muchos hombres no están dispuestos a enfrentarlo. La mayoría de los hombres no quieren poner el esfuerzo porque están enfocados en solo ellos mismos. Un hombre de verdad hará a un lado su ego y pondrá el esfuerzo necesario para tener una gran vida con su esposa.

Relaciones Nuevas

Si estás comenzando una relación con alguien con la que has sido amigo por un tiempo, creo que debes compartir tu pasado con ellos, para que puedan entender completamente como te afecta el trauma. Primero, construye una relación cercana con esa persona y luego comparte tú historia con ellos. Sé que puede ser increíblemente difícil compartir tu dolor con los demás, pero es importante para que puedan ayudarte.

Antes de que decidas pasar momentos íntimos con alguien, es importante que lo hagas consciente de su pasado, para que puedas comprender si se desencadena y aprender como manejarlo. Siempre es bueno establecer límites y dejarles saber qué está bien y qué no está bien para que ambos tengan una buena experiencia sexual. No tiene que ser solo un toque físico, podría ser verbal. Eso puede evitar muchos obstáculos en el futuro. Un beneficio de este tipo de comunicación es que, juntos, pueden comenzar a trabajar a través de esos traumas para que pueda ser tocada nuevamente en esos lugares. Con el tiempo, puedes cambiar esos recuerdos negativos y convertirlos en positivos. Todo es posible con la ayuda de Dios.

Cuando tu pareja se enoje, no respondas de la misma manera

Haz tu mejor esfuerzo para mantener la calma y consolarla. Sin embargo, la emoción que surge, ya sea que sean explosivas o destructivas, nunca llegues a su nivel. Tenemos que entender que no estamos pasando por lo que ella pasó, y sus explosivas reacciones, aunque inesperadas, están justificadas. Estamos allí para ayudarla a superarlo. Tenemos que hacer todo lo posible para no despreciar sus palabras o acciones y entender que está pasando por algo que es más profundo. Tenemos que entender que esto es algo que es muy difícil de controlar para ella. Podría haber sido provocado por algo que dijimos o hicimos, pero su explosividad tiene un pequeño porcentaje que ver con nosotros, y tiene más que ver con lo que le sucedió cuando fue abusada. Tenemos que dejar ir todo lo que dijeron que fue hiriente. Debemos darnos cuenta de que no lo dijo en serio y fue la ira y el trauma hablando. Mantén la calma y ayúdala a superar esa fase de explosividad. Hazla saber que no eres su enemigo, y al mismo tiempo, no permitas que te pisotee. Llegué a esta conclusión porque estaba cansado de pelear. Elegí a Rosie porque quería estar con ella para siempre y no iba a dejar que su ira o su pasado me alejaran.

Historia De La Biblia Efesios 5:25

"Maridos, amen a sus esposas, como Cristo amó a la iglesia y se entregó a sí mismo por ella."

Cristo amó tanto a la iglesia que dio su vida por nosotros. Esa oración ni siquiera le da justicia por lo que hizo. Cristo amó tanto a la iglesia que solo vivió para amarla. A veces, no tenía un lugar para reclinar la cabeza. Él nos ama tanto que se fue de casa a casa. A veces, incluso dormía en el jardín. Él nos ama tanto que pasó por eso por nosotros. Él nos ama tanto que nos perdona una y otra vez, y nos da oportunidad tras oportunidad. Él nos ama tanto que pasó por un tiempo en el que fue golpeado y humillado hasta que fue crucificado. Como pareja de una persona que necesita mucho amor y necesita restauración, debemos estar dispuestos como esposos a dar nuestras vidas por nuestras esposas y amarlas como Cristo nos ama. Ahí es donde entra ese 100%. Tengo que vivir para mi esposa al 100% sin esperar nada a cambio. Eso es lo que significa amar a alguien incondicionalmente. Sí, es un riesgo, pero motivará a tu pareja a dar lo mismo a cambio y Dios dará su amor cuando otros no le den.

Elevando A Tu Pareja

A menudo, lo que nuestra pareja considera sus defectos, nosotros los vemos como atributos. Rosie es muy dura con ella misma porque piensa que es demasiada firme y a veces la firmeza de una persona se puede interpretar como que es mala, pero admiro esa cualidad en Rosie. Creo que es ella siendo fuerte y eso me encanta de ella. Recientemente, fui a devolver algo sin un recibo y la tienda no quería dejarme cambiarlo. Volví y le dije a Rosie lo que sucedió, y ella regresó a la tienda y ella se mostró firme con ellos y por fin, dejaron que lo devolviera. Admiro su firmeza porque ella lleva a cabo las cosas. Ella es fuerte donde soy débil. Lo que ella considera defectos, considero sus mejores características. Aprendo de ella y de otras maneras, ella aprende de mí. Nos complementamos y nos comunicamos entre nosotros en cada oportunidad que tenemos. No esperes a que ella adivine lo que a ti te gusta de ella.

Reto

Reto para la sobreviviente: La próxima vez que tu trauma te traiga recuerdos, antes de explotar, haz tu mejor esfuerzo para analizar y descubrir cual fue el detonante que te provocó a reaccionar así. Trata de evitar llegar a explotar y llega a la raíz del problema para que no siga ocurriendo. Rompe los ciclos para que no rompan tus relaciones.

Reto para tu pareja: La próxima vez que tu y tu cónyuge se encuentren en una situación difícil, los desafío a que dejen su orgullo y traten de concentrarse en lo que ella realmente intenta decir, en lugar de ponerse a la defensiva y llegar a su propia conclusión.

Parte 4

Creando Un Mejor Futuro

12

Protegiendo A Tus Hijos

Cuando hablamos con nuestros hijos sobre el abuso sexual, no solo estamos dando un paso pro activo para protegerlos, sino que estamos forjando nuestra relación con ellos, basada en la honestidad y la confianza.
Es una situación donde todos son vencedores.
- Carolyn ByersRuch

Cuando te conviertes en madre, descubres lo que realmente significa el amor desinteresado. No queremos que nada le suceda a nuestros hijos y haríamos cualquier cosa por ellos. Mi hija me enseñó esta hermosa lección cuando nació hace 15 años. Cuando quedé embarazada de ella, sabía que tenía que protegerla. No quería que ella pasara por los mismos obstáculos que yo atravesé y estuve decidida a darle una gran infancia. Ahora tengo que pasar por el proceso con mis otros dos hijos. Abel y yo nos enfocamos en criar niños sanos emocional, física y espiritualmente. Ambos tuvimos un pasado tumultuoso que nos ha causado un gran dolor y no queremos eso para nuestros hijos.

La realidad es que hay personas dañadas en este mundo y, aunque deberíamos tener compasión por ellos, también debemos proteger a nuestros niños de ellos. Según el Estudio del Instituto Nacional de Salud Mental, "E*l típico delincuente comienza a abusar sexualmente a los 15 años, se involucra en una variedad de conductas desviadas y abusa a un promedio de 117 jóvenes, la mayoría de los cuales no denuncian el delito.*" El Departamento de Justicia afirma que *"casi todos los delincuentes en agresiones sexuales denunciadas a las fuerzas del orden público eran hombres (96%)."* Con estas aterradoras estadísticas, todos los padres deben tener un plan para proteger a sus hijos de los depredadores de niños.

Después de mucha investigación y oración, aprendí que la mejor protección que podemos ofrecerle a nuestros hijos es comunicarnos con ellos regularmente. Establecer una gran relación con nuestros hijos es vital para lograr que confíen en nosotros sus secretos y experiencias dolorosas. Debemos construir nuestros hijos cada día y hablar sobre su identidad. Muchos padres piensan que proporcionar económicamente a sus hijos es suficiente para ser un buen padre, pero no lo es. Tenemos que estar ahí para nuestros hijos de muchas maneras, no solo financieramente. Tenemos que ser conscientes de sus actividades cotidianas para que podamos notar si hay un cambio repentino. También tenemos que controlar su comportamiento para detectar cualquier cambio significativo en el estado de ánimo general. Muchos niños que son abusados se enojan, se deprimen y cambian sus costumbres alimenticias. Muchos han suprimido el apetito y se sienten náusea al recordar el abuso, mientras que otros comen en exceso para adormecer el dolor y volverse menos atractivos para el abusador.

De acuerdo con -sex-offenders.us-, *"la mejor protección es ayudar a sus hijos a aprender a resistir los avances no deseados y aprender sobre las amenazas en su vecindario."* Muchos padres quieren evitar la "charla sobre sexo" porque es incómodo para ellos, pero debes considerar las repercusiones. Vale la pena sentirse incómodo durante unos minutos si eso significa ayudar a tu hijo o hija a evitar o sobrevivir al abuso sexual. El objetivo es que la conversación sea consistente y deje de ser incómoda. Ser padre es un trabajo desafiante, pero es el mejor trabajo que tendrás.

Tenía miedo de tener hijos, especialmente niñas. Sentía que iban a pasar por abuso sexual de la manera en que me pasó a mi. Lo sentí como una maldición que fue por mi vida que heredarían mis hijos. Después de mi aborto a los 17 años, sabía con certeza que Dios no me daría hijos, pero gracias a Dios, estaba equivocada. Aunque quería niños porque pensaba que serían más fuertes y pelearían contra cualquier abusador, Dios me bendijo con una hermosa niña cuando tenía 21 años. Estaba aterrada. No sabía cómo iba a protegerla porque no podía estar con ella las 24 horas, los 7 días de la semana. Decidí tener un plan. Aprendí que el conocimiento es poder, y la comunicación era la clave. No sabía exactamente lo que iba a hacer, pero definitivamente sabía lo que no iba a hacer. No iba a cometer los mismos errores que mis padres al guardar silencio y no iba a permitir que el Internet, la televisión o sus compañeros fueran los primeros en hablarle sobre sexo.

Cuando comenzar a hablar con sus niños sobre el Sexo

Empecé a hablarle a mi hija sobre el sexo cuando tenía 3 años. No se trataba de la penetración o el sistema reproductivo; Era en términos que ella podía entender. Mientras la bañaba, le hice saber que Dios la había hecho temerosamente y maravillosamente, y que su cuerpo era precioso. Le dije que era querida, y que mamá y papá la protegerían. Le dejaba saber que mientras era un niña pequeña, mamá y papá podían ducharse con ella, pero que al crecer mas grande, nadie podría mirar su cuerpo desnudo ni tocarla, ni siquiera mamá. Le dije que su cuerpo solo sería suya hasta que ella se casara. La conversación evolucionó cuando creció más grande. Para cuando tenía 5 años, ya me estaba preguntando qué significaba ser gay. Sabía que era lo suficientemente inteligente como para entender si le contaba la terminología correcta. Pronto comenzó a hacerme preguntas sobre niños y me complació responder cualquier pregunta que tuviera. Para que un niño te cuente sobre las cosas más espantosas de su vida, como el sexo, las drogas y el alcohol, primero tiene que saber que puede confiar en que no los rechazarán en el peor de los casos. Mi reacción ante su curiosidad o sus pensamientos siempre fue tranquila y controlada, y le mostré que todos los temas estaban abiertos a discusión y que nada era demasiado loco o escandaloso para contarme. Le mostré que era un buen oyente.

Me aseguré de hablar con mi hija sobre todo. Me habló de Dora La Exploradora durante horas, y aunque a veces me aburría, la miraba a los ojos y estuve comprometida. Cada detalle y cada palabra que salía de su boca me resultaba interesante para que creciera su confianza. Aprendí sobre cada programa que amaba y sobre todo lo que su maestra le enseñaba. Le preguntaba con quién comió en el almuerzo y aprendí los nombres de sus amigos y les pregunté si podía conocerlos. Si sus amigos estaban tristes, yo estaba triste y oraba con ella. Mostré interés en lo que le interesaba. Ya fueran sus videos de YouTube o sus mejores amigas en la escuela, cualquier cosa que fuera importante para ella, se volvió importante para mí. Fue un momento de inversión. Sabía que llegaría el momento en que tendría que contarme cosas aterradoras. Necesitaba que supiera que era amada y que merecía mi atención y que estaría allí para escucharla, protegerla y amarla. Quería que se sintiera lo suficientemente cómoda como para hablar conmigo sobre cualquier cosa. No hace mucho tiempo, me contó sobre un chico que le gustaba. Estaba tan asustada porque solo tenía 13 años y era la primera vez que me hablaba de un niño en la escuela. Cuando me dijo, probablemente temblaba por dentro y estaba tan sorprendida de que, en lugar de regañar la, sonriera y tuviera lágrimas en los ojos. Estaba tan feliz de que ella pudiera decirme, y no tuve que encontrarlo a través del espionaje. Ella me ofreció voluntariamente la información más personal. Yo no tuve eso cuando era una niña. No le dije muchas cosas a mi mamá. Ni siquiera le conté sobre mi período ni le pregunté qué talla de sujetador debería usar. Me sentía tan sola. Tal vez me aislé. Tal vez el abuso me hizo eso. Tal vez la cultura hizo que los estilos de crianza fueran diferentes a mi generación. Fuera lo que fuese, juré tener una comunicación abierta con mis hijos.

Mi hija está por cumplir 15 años y seguimos hablando de todo. No la obligo a comunicarse; ella lo ofrece voluntariamente. Eso vino a través de mucha inversión. No es una charla sobre sexo una vez. Eso ya no funciona, y no podemos hablar con ellos una vez que tengan 12 años porque ya es demasiado tarde. Tienes que hablar con tus hijos antes que el mundo; antes que el Internet y sus amigos. Debemos enseñarles a nuestros hijos correctamente antes de que el mundo les enseñe incorrectamente.

Ha sido abusado sexualmente, tu hijo(a)?

Si te preguntas si tu hijo ha sido abusado sexualmente, evalúa cambios drásticos en su comportamiento. Los niños tienen diferentes personalidades y diferentes características. No podemos decir que todos los niños con ira hayan sido abusados porque algunos niños tienen un carácter fuerte. No podemos decir que todos los niños tímidos son abusados sexualmente porque algunos son naturalmente tímidos, pero una cosa que debes buscar es cambios extremos en el comportamiento de tu hijo. Pasé de ser una niña muy feliz a ser una niña muy enojada, literalmente de un día para otro. Pasé de ser una niña social a aislarme. No quería hablar con nadie. Ya no quería hacer las cosas que normalmente me gustaba como luchar con mis hermanos o sentarme en el regazo de mi padre. No me gustaba que me tocaran o miraran, y reaccionaba con ira cuando normalmente, reaccionaba con amabilidad. Es un cambio drástico. Es por eso que debes invertir tiempo con tus hijo para conocer sus personalidades para que, en caso de que surjan estos cambios drásticos, puedas formular las preguntas correctas.

Cuando eres abusada sexualmente, es muy aterrador hablar de eso porque no quieres lastimar a otras personas, y tienes miedo de ser lastimada nuevamente al ser llamada mentirosa. Ni siquiera quieres lastimar al abusador, por lo que un padre debe hacer las preguntas con el cuidado, interés y sinceridad que el niño sabe que serán amados sin importar lo que salga de su boca. Deben saber que no los juzgarás ni los menospreciarás si están hablando de sexo o de una mala calificación en clase. Deben saber que incluso si no estás de acuerdo con ellos, siempre los amarás. La pregunta que me hicieron que me ayudó hablar fue: *"¿Alguien te está haciendo daño?"* Es una pregunta lo suficientemente profunda como para comenzar una conversación, pero lo suficientemente fácil para ser respondida con una respuesta de sí o no. Se necesita mucho tiempo para que un niño derrame la verdad. Algunos niños ni siquiera pueden decir la palabra violación o abuso sexual porque es posible que ni siquiera sean conscientes de que su dolor tiene un término definido. Establezca una relación con tus hijos desde el comienzo de sus vidas para que puedas protegerlos. Nunca es demasiado pronto.

Historia De La Biblia Génesis 11:27-32

*"Estas son las generaciones de Taré. Taré fue el padre de Abram, Nacor y Harán. Y Harán engendró a Lot. Mientras su padre Taré todavía estaba vivo, Harán murió en Ur de los caldeos, en la tierra de su nacimiento. Abram y Nahor se casaron. El nombre de la esposa de Abram era Sarai, y el nombre de la esposa de Nacor era Milca; ella era la hija de Harán, el padre de ambos, Milca e Isca. Ahora Sarai no tenía hijos porque no podía concebir. Taré tomó a su hijo Abram, a su nieto Lot, hijo de Harán, ya su nuera Sarai, la esposa de su hijo Abram, y juntos partieron de Ur de los caldeos **para ir a Canaán**. Pero cuando llegaron a Harán, **se establecieron allí. Taré vivió 205 años y murió en Harán.**"*

Tu pasado simplemente no se desaparece

Sé que pensaste que si te escondes y dejas tu abuso sexual en el pasado, eso no va a afectar a nadie a tu alrededor, pero sí lo hace. Si estás enojada, vas a criar niños enojados. Si explotas como un volcán, criarás niños temerosos. Si eres callado y nunca hablas, vas a criar niños confundidos. Si no te amas a ti misma, tus hijos no aprenderán a amarse realmente a sí mismos. Nuestros hijos son un espejo de nosotros mismos. No podemos olvidarnos de nuestro pasado o pensar que no necesitan saberlo. Estoy de acuerdo en que no necesitan saber cada detalle, pero sí necesitan saber qué afecta nuestro presente. Esto es exactamente lo que sucedió en la historia de Taré. Taré tuvo tres hijos y uno de ellos fue Abram, el padre de la fe, y los otros se llamaron Nahor y Harán. Harán era el más joven de sus hijos y murió. No puedo imaginar cuán grande fue su dolor. Sé que fue grandioso porque la Biblia dice en el versículo 32 que aunque Taré debía ir hacia Canaán, se quedó en Harán. En la tradición judía, cuando alguien moría, harían algo más que solo un entierro. Fue un evento honorable y nombraron el lugar donde fue enterrado después de él; Harán. *Taré* con todo su dolor, se suponía que debía dirigirse hacia Canaán con sus otros hijos, pero *Taré* no. Taré se estableció en Harán. Harán, la ciudad, significa enojo. Significa quemar. Significa chamuscado hasta los huesos. Eso es significativo porque Taré se suponía que se mudaría a Canaán, lo que significa humilde y sometido. Donde decidió establecerse, mostró su estado emocionalmente. Cuando pasas por la muerte, el abuso, la injusticia o la traición, estás enojada y, aunque la ira es una emoción válida, no es una emoción en la que debas conformarte. No puedes permanecer en tu enojo. No puedes actuar en tu enojo porque te quemará y te dejará carbonizado hasta los huesos y quemará a todos a tu alrededor.

Taré nunca llegó a Canaán. Se conformó con su ira y afectó su vida personal y sus hijos. Se suponía que Abram iría a Canaán según lo planeado por Dios porque había una promesa para Abram en Canaán, pero no llegó hasta mucho más tarde. Lo que es peor es que más tarde, Dios llamó a Abram y le dijo que se levantara y se fuera de Harán porque había estado allí demasiado tiempo. No podía permanecer enojado y no era saludable para él establecerse allí. Para que la promesa de Abram se cumpliera, tenía que abandonar el lugar en el que su padre lo había instalado. Debido a que su padre nunca le dijo que se suponía que debía ir a Canaán, Abram no sabía a dónde ir y por muchos años, Abram viajó sin dirección. Gracias a Dios, su fe estaba en el lugar correcto y finalmente llegó a Canaán. ¿No podría su padre haberlo llevado allí antes? ¿No podría su padre decirle dónde se suponía que debía ir al menos? Nuestro objetivo es que nuestros niños sean mejores que nosotros. Si eres inteligente, quieres que tus hijos sean más inteligentes y si eres fuerte, quieres que tus hijos sean más fuertes. Si permites que tu pasado afecte tu presente, afectará el futuro de sus hijos. No podemos permitir eso. Afrontemos nuestro pasado, enfréntalo y cúralo no solo para ti, sino para tu familia y las generaciones futuras. No dejes que acepten tu enojo. Sé que no crees que los estás lastimando. Taré no tuvo la intención de lastimar a Abram. Estaba tan atrapado en la ira de perder a su hijo menor que no tenía la claridad para darle a Abram la información que necesitaba para llegar a Canaán. Debido a la falta de comunicación de su padre, Abram viajó sin rumbo innecesariamente.

Compartir nuestra historia con nuestros hijos

He tenido que contarle a mi hija sobre mi pasado y sobre el pecado más embarazoso de mi vida; el aborto. Tenía tanto miedo porque no sabía lo que iba a pensar de mí. No sabía si iba a perder su respeto o si ella iba a pensar que yo era menos sabia o amorosa. Para el momento en que ella tenía 12 años, ella entendió que yo no era perfecta. Nunca fingí serlo, y ella entendió que había sido un error. Después de discutir el error, finalmente sonrió y dijo: "*mamá, tengo una hermana mayor en el cielo.*" Decir la verdad es aterrador y la gente miente por miedo, pero beneficiará a sus hijos cuando seas valiente y hables con la verdad a tus hijos. Todo tiene un tiempo, así que ten en cuenta su edad y nivel de madurez. Cuéntales poco a poco. Cuando dices la verdad, es la mayor señal de amor y respeto. Creará la alta autoestima y la seguridad que necesitan. No esperan que seas perfecto. Ellos esperan que seas honesto. Tu pasado ya no los lastimará.

Leemos libros de historia para que la historia no se repita. Eso es lo que hice con mis hijos. No te conformes con tu enojo porque tus hijos se establecerán allí también, y si no admites tus errores, también pueden hacerlo. Salgamos de allí y avancemos hacia Canaán, donde podremos dominar nuestra ira y donde podremos dominar nuestras emociones.

Reto
Quiero desafiarte a que empieces a hablar con tus hijos sobre el sexo y a que empiecen a construir una relación con ellos, donde saben que pueden contarte todo. Sé que es difícil, pero es necesario. Si tu hijo es pequeño, puedes comenzar a hablarle sobre su cuerpo y ni siquiera tiene que mencionar el sexo, solo diles lo bellos que son para que pueda comenzar a construir su confianza. Si tu hijo está en la adolescencia, no hagas preguntas típicas como:"*¿Cómo estuvo la escuela hoy?*" Pregúntales preguntas como:"*¿Con quién comiste hoy?*"o"*¿Cuál fue tu parte favorita de hoy?*" Quieres una conversación. Si no están dispuestos a hablar contigo, quizás comienza hablar de ti misma porque cuando eres vulnerables, ellos también lo serán.

13

Sueña Como Un Niño Otra Vez

Recuerda tus sueños y lucha por ellos. Debes saber lo que quieres de la vida. Solo hay una cosa que hace que tu sueño se vuelva imposible:
el miedo al fracaso.
-Paulo Coelho

A los niños a los que se les dice que pueden hacer lo que se propongan, sueñan con convertirse en presidente, jugador de la NBA o astronauta. El cielo es el límite. No es hasta que nos hacemos mayores, que otros comienzan a desanimarnos a perseguir nuestros sueños o pasamos por difíciles obstáculos que nos hacen dejar de creer en nosotros mismos. Tenemos que dejar de entretener las opiniones negativas de los demás sobre nosotros y seguir creyendo en nuestros dones y habilidades. Es fácil para mí decirlo ahora, pero cuando estamos heridos, somos muy impresionables. Damos importancia a lo que otros piensan y cuando encontramos obstáculos, nos cerramos.

Muchos niños crecen y cambian sus sueños, para que puedan encajar y ser "normales". En lugar de decir que quieren ser el presidente, comienzan a decir que quieren tener un trabajo normal, para que no se destaquen. En realidad, nuestras limitaciones han superado nuestros sueños y nos volvimos temerosos y hastiados.

Para lograr nuestros sueños, nunca podremos dejar que el miedo nos detenga. Solo porque nuestro sueño sea difícil de lograr, no significa que no lo logremos. Todo es posible con Dios. Anclarse al conocimiento de que el verdadero poder proviene de Dios y con Él, somos capaces de más de lo que podríamos imaginar. Cuando miro hacia atrás en mi vida, hay muchas veces en las que sentí que no podía hacer algo y después de hacerlo, me gané respeto a mí misma. Desafío por desafío, aprendí que el miedo es notable, pero no debería detenernos. Lo opuesto al miedo no es valor. El valor es uno de los resultados del miedo. El otro resultado es inmovilidad. De acuerdo con la Palabra, la oposición del miedo es el amor, como dice: *"el amor perfecto expulsa todo temor."*

Cuando era joven, mi padre me inculcó que podía hacer cualquier cosa. Él me hizo saber que era una conquistadora. No me informó de las limitaciones porque sabía que el mundo me mostraría obstáculos. Mi padre decidió que me iba a enseñar el poder en lugar de los límites. Sabía que yo aprendería sobre los límites más adelante en la vida, y quería hacerme consciente del poder que tenía dentro de mí para que cuando encontrara límites, mi poder lo superara. Me sorprende que mi padre me haya enseñado esto solo a los 5 años. Ese conocimiento me dio la capacidad de soñar. Me trajo tanta alegría. Iba a ser astronauta. Me veía en el cielo con mi atuendo espacial. Yo lo creí. Más tarde, elegí no ser astronauta y siento que el abuso sexual me robó ese sueño. Ya no sentía que pudiera hacerlo. Le agradezco a mi papá por enseñarme a soñar porque en esos momentos era astronauta. Algunas personas lo llaman imaginación, pero yo lo llamo transportándome con un sueño. Fui transportada al futuro yo. Sentándome en la lanzadera e ir al espacio me pareció tan liberador. Nadie puede quitarme eso, pero durante años me pregunté si lo hubiera vivido si el abuso sexual no hubiera sucedido. Decidí hace un tiempo no vivir en el "qué pasaría si". Ahora que recuperé mi poder, sé que puedo hacer cualquier cosa que me proponga. Me tomó 18 años de sufrimiento y un total de 25 años de procesamiento de mi dolor, pero finalmente recuperé mi poder. Ahora puedo volver a soñar como un niño de 5 años. Aunque sé que existen limitaciones, también sé que puedo superar cualquier obstáculo. Con Cristo, todo es posible para aquellos que creen.

El verdadero poder proviene de Dios

Ahora me doy cuenta de que las lecciones que mi padre me enseñó realmente vinieron de Dios. El verdadero poder proviene de nuestro Creador y eso es lo que mi padre intentaba enseñarme en ese momento. Estoy muy agradecida con mi padre por hacerme consciente de mi poder a una edad tan temprana. El abuso sexual me robó ese poder durante muchos años, y ahora nada puede quitármelo de nuevo.

Cuando comienzas tu proceso de sanidad, puedes retomar tu poder. No tienes que esperar hasta que hayas completado el proceso para retomar tu poder. Es algo que puedes recuperar hoy. Conocer tu poder hará que tu proceso sea victorioso. Soñar en grande no significa ignorar la realidad. Soñar en el poder significa que superarás a pesar de las limitaciones.

Muchas veces, nos sentimos indignos de soñar porque hemos recibido comentarios negativos acerca de nosotros mismos por personas que amamos. Eventualmente, ya no creemos en los sueños. Sentimos que no somos lo suficientemente buenos para alcanzar la grandeza. **Si Dios pone un sueño en tu corazón, es porque eres completamente capaz de manifestarlo.**

Sentirse inadecuado es común, pero algunas personas pueden enmascararlo o superarlo mejor que otros. La batalla con sentirse insuficiente llega cuando quitas la vista de tu carril y miras en los carriles de los demás. La comparación es el ladrón de la alegría y la práctica de aquellos con baja autoestima. Las personas con baja autoestima ven las fallas de los demás para sentirse mejor consigo mismos, pero se olvidan de que cada vez que ganan las cualidades de alguien, perderán ante otro. Cuando te sientas inadecuada, recuerda que Dios te hizo temerosa y maravillosamente por buenas obras. Él te llama su obra maestra.

Incluso le sucedió a la única mujer perfecta que existió: Eva. La serpiente le dijo a Eva que ella no era lo suficientemente buena. *"Dios sabe que tus ojos se abrirán tan pronto como lo comas, y serás como Dios, sabiendo tanto el bien como el mal"*. Génesis 3:5 Indirectamente, le llamó a Dios un mentiroso y la convenció de que ella necesitaba comer la fruta prohibida para que ella pudiera ser mejor. Él le dijo que ella no tenía las características que necesitaba, pero la verdad era que Dios la había equipado y la había formado para su propósito. Tal vez la serpiente le enseñó a compararse con Adam y se sintió inadecuada porque era diferente. Muchas veces, nos sentimos menos cuando comenzamos a compararnos con los demás. Es dañino y puede congelarte. De repente, puedes encontrarte 10 años después en el mismo lugar porque simplemente no crees en tus dones y talentos. Se necesita valor para mantenerte centrado en tu propio camino en lugar de centrarse en los demás. Tenemos que saber que podemos superar esas palabras negativas. **Tenemos que saber en el fondo que somos dignos, y tenemos todo lo que se necesita para hacer nuestros sueños realidad.** Tenemos que dejar de compararnos con las modelos en las revistas o las chicas en Instagram. Podemos ganar la batalla en nuestras mentes y podemos superar la negatividad que otros proyectan en nuestro camino. Eva podría haber ganado la batalla con la serpiente si ella no hubiera entretenido la conversación y hubiera recordado las palabras de Dios. Cuando Dios creó las estrellas en el cielo, los animales y toda la creación, dijo: *"es bueno."* Cuando creó a Adán y Eva, dijo: *"es **muy** bueno."* Se olvidó de que su existencia en el mundo había cambiado el ambiente de bueno a muy bueno. Olvidó que eran las palabras de su Creador lo que realmente importaban porque realmente la conocía. Cuando comienzo a sentirme inadecuada o cuando empiezo a compararme con otros en la alfombra roja, recuerdo que Dios dijo: *"es muy bueno"* cuando fui creada. He cometido errores y no estoy cerca de ser perfecta, pero cuando Dios me creó, sintió alegría. A eso me aferro y en lo que me enfoco. Tuve que aprender a dejar de compararme con los demás. Necesitaba dejar de entretener las conversaciones con el enemigo, incluso si el enemigo era mis propios pensamientos negativos a veces. Cuando te vuelves a enfocar, te das cuenta de que tienes todo lo que necesitas para alcanzar tus metas y sueños.

No dejes que tu miedo te detenga

Permití que el miedo me detuviera durante tantos años y ahora me niego a permitir que me controle. El miedo es una emoción de la misma manera que la alegría y la tristeza son emociones. Hemos sido creados para controlar las emociones, pero muchas veces permitimos que las emociones nos controlen. El miedo se ha convertido en la razón por la que muchos no persiguen su vocación porque no sienten que tienen lo que se necesita. Todos corremos el riesgo de fracasar, pero otros lo superan todo y viven una vida plena a pesar de los fracasos. El miedo debe usarse como una advertencia de posibles obstáculos y como una herramienta para prepararse, pero se convierte en valor para dar los pasos necesarios.

Cuando tienes miedo, no es que seas débil, es simplemente una emoción. La buena noticia es que puedes transformar esa emoción en algo positivo. Ahora cuando siento miedo, me emociono porque sé que es un desafío que superaré y que me fortalecerá. Muchas personas piensan que si sientes miedo, no debes seguir adelante con él. Deberíamos ver el miedo por lo que es. Es una herramienta para nuevos descubrimientos. No podemos dejar que nos congele o no podemos dejar que controle nuestra vida. Tenemos que seguir avanzando con nuestros planes. No podemos permitir que el miedo detenga nuestro crecimiento. Estábamos destinados a evolucionar continuamente, y no podemos permitir que nada nos impida el propósito de Dios para nuestra vida.

Haz Un Plan

Una vez que recuperamos nuestro poder y ya no permitamos que el miedo nos detenga, tenemos que crear un plan. Los sueños sin planes son simplemente una ilusión. Los sueños sin acción son deseos. Una vez que creamos un plan, es inevitable que enfrentemos obstáculos. En lugar de permitir que nuestros obstáculos detengan nuestro avance, debemos superarlos y saber que solo nos hacen más fuertes para nuestra próxima temporada.

Dios tenía un plan cuando creó la Tierra y sus habitantes. Un plan trae orden. Trae una visión. Para cada sueño, necesitamos un plan. El plan nos ayuda a salir adelante cuando tenemos ganas de rendirnos mostrándonos nuestro progreso. Dios dice en la Biblia que muchas personas se perdieron por falta de visión. La visión se puede traducir en el plan de alguien para el futuro. Escucho a la gente decirlo todo el tiempo: *"Me siento tan perdido."* Cuando tienes una visión o un plan, no puedes sentirte perdido. A veces, puedes perder el enfoque y desviarte. Lo paso por eso, pero no me permito perderme. Algunas veces el plan cambia, y está bien. El plan de Dios para nosotros es mayor que cualquier plan que pudiéramos haber creado para nosotros, pero ir por la vida sin una visión es destructivo.

Historia De La Biblia Lucas 1:5-23 El Nacimiento De Juan El Bautista

"En los días de Herodes, rey de Judea, había un sacerdote llamado Zacarías, de la división de Abías; y él tenía una esposa de las hijas de Aarón, y su nombre era Isabel. Ambos fueron justos ante los ojos de Dios, caminando sin piedad en todos los mandamientos y requerimientos del Señor. Pero no tenían hijos, porque Elizabeth era estéril, y ambos habían avanzado en años.

Ahora sucedió que mientras él estaba realizando su servicio sacerdotal delante de Dios en la orden señalada de su división, según la costumbre del oficio sacerdotal, fue escogido por sorteo para entrar en el templo del Señor y quemar incienso. Y toda la multitud del pueblo oraba afuera a la hora de la ofrenda del incienso. Y se le apareció un ángel del Señor, que

estaba a la derecha del altar del incienso. Zacarías estaba preocupado cuando vio que el ángel y el miedo lo atenazaban. Pero el ángel le dijo: "No temas, Zacarías, porque tu petición ha sido oída, y tu esposa Isabel te dará a luz un hijo, y le pondrás el nombre de Juan. "Tendrás gozo y alegría, y muchos se regocijarán con su nacimiento. "Porque él será grande a los ojos del Señor; y no beberá vino ni licor, y será lleno del Espíritu Santo mientras todavía esté en el vientre de su madre. "Y hará volver a muchos de los hijos de Israel a Jehová su Dios". "Es él quien irá como precursor ante Él en el espíritu y el poder de Elías, para volver los corazones de los padres a los hijos, y los desobedientes a la actitud de los justos, a fin de preparar un pueblo preparado para el Señor ".
*Zacarías le dijo al ángel: "**¿Cómo sabré esto con certeza? Porque yo soy un hombre viejo y mi esposa está avanzada en años.**" Respondió el ángel y le dijo:" Yo soy Gabriel, que estoy en la presencia de Dios, y he sido enviado para hablarte y traerte estas buenas noticias. "**Y aquí, estarás en silencio e incapaz de hablar hasta el día en que estas cosas sucedan, porque no creíste en mis palabras**, que se cumplirán en el momento apropiado."*
La gente estaba esperando a Zacharias, y estaban pensando en su retraso en el templo. Pero cuando salió, no pudo hablar con ellos; y se dieron cuenta de que había visto una visión en el templo; y él siguió haciéndoles señas, y permaneció mudo. Cuando terminaron los días de su servicio sacerdotal, regresó a casa."

Zacarías y Elizabeth eran personas piadosas. Eran líderes en su comunidad. Esta es una pareja que todos amamos, y esperamos que tengan vidas perfectas. Sin embargo, Elizabeth no pudo concebir un hijo. Hoy en día, la esterilidad es extremadamente difícil para las mujeres y en ese entonces, parecía más horrible porque a las mujeres se les daba su valor en función de su capacidad para tener hijos. Este fue un momento difícil para Elizabeth. Ella no entendía por qué no estaba siendo bendecida.

Ella era una mujer piadosa, pero por alguna razón, Dios no le permitió tener un hijo. Lo que ella no sabía era que Dios estaba esperando que ella creciera sabia antes de bendecirla con un niño muy especial. Ella necesitaba sabiduría para este niño porque él iba a impactar el mundo. Dios no la estaba castigando, la estaba preparando. Dios sabía que este niño era importante porque se convertiría en Juan el Bautista y su propósito requería una madre sabia. Jesús describió a Juan el Bautista como el profeta más grande que haya pisado la tierra. Juan el Bautista tuvo un llamado tremendo de decirle al mundo que el Mesías había llegado. Elizabeth no tenía idea de que su hijo se convertiría en *el* profeta. Dios esperó hasta que Isabel fue sabia, mientras que Zacarías sirvió en el templo. Zacarías era un sacerdote y se le permitió entrar al templo del Señor para orar y quemar incienso por los pecados del pueblo. La gente esperaba afuera para ver qué pasaba porque ocurrieron cosas locas allí. Los sacerdotes eran los únicos a quienes se les permitía entrar al lugar santísimo y se ataban cuerdas alrededor de las piernas para asegurarse de que pudieran ser sacados si caían muertos debido a un pecado oculto. La gente tendría que sacarlos por las cuerdas. Zacarías estaba allí rezando por la gente y quemando incienso cuando se encontró con un ángel que le dijo que iba a tener un hijo. Zacarías desafió al ángel porque él y Elizabeth estaban en sus años mayores y no creía que pudieran concebir un hijo. Su tiempo había pasado. El ángel le dijo: "*Yo soy el Ángel Gabriel y estoy en presencia de Dios, ¿por qué dudas de mí?*" El ángel apagó la voz de Zacarías y le dijo que no podría hablar hasta que naciera el niño. Eso fue bastante sorprendente, pero todo lo que Dios hace es con un propósito. Cuando Zacarías salió, todos se sorprendieron de que no pudiera hablar, especialmente su esposa Elizabeth. Poco después de que Elizabeth queda embarazada, tardó cinco meses en estar sola. Se apartó de su esposo, familia y amigos. Dios estaba trabajando a su favor cuando hizo que Zacarías se convirtiera mudo y guiaba a Elizabeth a la soledad. Esta es una lección sobre charla negativa. Lo que otros te están alimentando y lo que dices sobre tu vida puede ser extremadamente dañino para tu vida. Las palabras tienen poder. Si las personas expresan negatividad, preocupación y miedo en tu vida, crecerán para creerlo y manifestarlo. El ángel estaba protegiendo al futuro hijo de Zacarías. La falta de fe de Zacarías iba a traer maldiciones a su hijo. Pudo haber pronunciado palabras que fueron eternamente dañinas. Las palabras de un padre sobre su hijo tienen más peso porque un padre le informa su identidad. Podría haber dicho que el niño nacería enfermo o con una deformidad debido a la vejez de Elizabeth. Elizabeth tuvo que alejarse de las personas a su alrededor porque habrían hablado de negatividad en su útero. Dios tuvo que proteger a Juan el Bautista de toda esta negatividad. No podía permitir que Zacarías, Elizabeth o las personas a su alrededor se dejaran llevar por la falta de fe y negatividad. No podemos permitir que las opiniones de otras personas nos perjudiquen. A veces ni siquiera podemos dejar que nuestra propia opinión nos dañe, y es entonces cuando Dios tiene que actuar y salvarnos de nosotros mismos. Una vez que nació Juan el Bautista, Zacarías pudo hablar de nuevo.

Cuando estaba embarazada de Eli, me llené de alegría porque quería un hijo desde que era una adolescente. Estoy muy agradecida por mis dos hijas que tuve antes de mi hijo, pero siempre deseé tener un hijo. Me quedé embarazada de mi hijo cuando tenía 34 años. Sabía que mi hijo valía la pena la espera. Cuando fui a los médicos, me dijeron que era un embarazo de alto riesgo. No entendí porque me sentía feliz. Estaba en el mejor momento de mi vida y podía correr tres millas por día. Físicamente, me sentí en mi mejor momento. No entendí cómo no estaba lo suficientemente saludable para este bebé solo por mi edad. Sé que se estaban basando esto sobre las estadísticas, pero porque sucedió antes, no significaba que me pasaría a mí. Inmediatamente, le dije al médico que mi embarazo no sería de alto riesgo y que todo saldría normal. Procedieron a tratar de advertirme sobre todo lo que podría salir mal, pero simplemente no lo permití. Le dije al médico que no tendría diabetes y mi hijo no era una estadística. Declaré que mi hijo Eli nacería sano sin deformidades. Tenían otras 100 razones por las cuales éste embarazo, no iba a salir bien. Dijeron que debido a que anteriormente había recibido una lipo escultura, una abdomino plastía y una banda gástrica, mi embarazo era peligroso. Decidí que no iba a permitir que el temor de mis médicos afectara a mi hijo. Hice todas las pruebas que sugirieron y tomé las precauciones necesarias, pero lo hice con la fe de que mi hijo estaría bien. No podía dejar que el miedo me congelara. Sabía que las palabras que dijera sobre mi hijo eran muy importantes. Estaba decidida a mantenerme firme en la fe. Varios meses después, Dios me bendijo con mi hijo Eli y nació sano. Tenía fe en Dios de que todo estaría bien. Tuve momentos de miedo, pero nunca lo dije. En cambio, oré sobre eso. Ora por eso más de lo que hablas sobre eso. La Biblia dice que nuestra lengua posee el poder de la vida y la muerte.

Hace años decidí que ya no permitiría que nadie expresara cosas negativas en mi vida. Me prometí a mí misma que me separaría de ellos o les diría que tenían que cambiar su idioma cuando se tratara de mi vida si querían quedarse en mi vida. Dios tiene grandes planes para nosotros y no podemos permitir que nadie nos convenza de lo contrario.

Somos capaces de más, de lo que imaginamos

Cuando mi hermana Jenni me dejó como su fideicomisario y presidente de Jenni Rivera Enterprises, todos, incluido yo, dudamos de que pudiera hacerlo. Aunque estaba completamente devastada por la muerte de mi hermana, todo fue parte del plan de Dios y sabía que tenía que hacerlo. Yo siendo su fideicomisario fue parte del plan de Jenni desde el momento en que decidió hacer un testamento y aunque me sorprendió cuando me lo dijo en julio de 2012, no le sorprendió a Dios. Después de su fallecimiento en diciembre del mismo año, pronto me di cuenta de que Dios me había estado preparando para este momento toda mi vida. Cada obstáculo que había superado me había hecho más fuerte y para poder dirigir su imperio, necesitaba ser fuerte. Inicialmente, me sentí inferior e incapaz porque fui a la facultad de derecho y no a la escuela de negocios, pero pronto me di cuenta de que mi título de negocios provenía de experiencias de la vida. Mi clase de contratos y casos civiles se usaron en mi nueva tarea. Al crecer, vi cómo mi familia manejaba sus negocios y sabía que lo tenía en mí. Sabía que podía sacar todas mis fallas y obstáculos y tener éxito. Lo que pensé que me impedía, ahora iba a ayudarme. Aunque todos sintieron que no estaba preparada, Dios me hizo saber que era su plan para mí. Había recibido toda la capacitación que necesitaba para asegurarme de que el legado de mi hermana se convirtiera en todo lo que ella esperaba. Sabía que tenía todo lo necesario para hacer un gran trabajo, y lo más importante, sabía que Dios confiaba en mí y que no iba a fallarle. Los medios de comunicación, algunos fanáticos, algunos amigos e incluso la familia tenían opiniones diferentes, pero decidí no ir por opiniones sino por la verdad. Dejé de prestar atención a sus palabras y me concentré en la Palabra de Dios.

Reto

Te desafío a que seas audaz pero a la vez amable y evites que otros expresen negatividad en tu vida. Puede ser un seguidor de las redes sociales, tu mejor amigo; tal vez sea tu madre o tu padre. Si están hablando de cosas negativas en tu vida, te desafío a decirles amablemente: *"No puedo permitir que hables negativamente en mi vida. Estoy trabajando muy duro para vivir una vida alegre y quiero que me ayudes con este proceso. Por favor, solo expresa positividad en mi vida."* A algunas personas no les gustará y podrían rechazarte, pero debes proteger tu corazón. Hágales saber que estás trabajando en la sanidad y que ahora tienes que cambiar los patrones anteriores. Debemos enseñar a otros cómo tratarnos una vez que hayamos sido sanados, para que no volvamos a ser quienes éramos. Dígales con amor y respeto para que puedan recibirlo bien.

14

De Víctima A Victoriosa

Quejarse es siempre no aceptar lo que es. Invariablemente lleva una carga negativa inconsciente. Cuando te quejas, te conviertes en una víctima. Cuando hablas, estás en tu poder. Por lo tanto, cambia la situación actuando o expresándote si es necesario o posible; abandona la situación o acéptala.
Todo lo demás es una locura.
-Eckhart Tolle

Ser una víctima de nuestro pasado es como estar en una cárcel sin barreras. Esta forma de prisión es peor que estar en una cárcel real porque el inocente se no tiene su libertad. Cuando vivimos constantemente en nuestro pasado, es un tipo de prisión mental de la que nunca podemos escapar. La clave para ser liberado de nuestro pasado es perdonar a nuestro abusador y confrontar nuestro pasado.

Muchas víctimas de abuso sexual intentan quitarse la vida porque quieren que los pensamientos y el dolor se detengan. El abuso pudo haber sucedido hace diez años, pero debido a que revivimos la experiencia en nuestras mentes, es como si hubiera sucedido ayer. El pasado puede afectar nuestro presente cuando no estamos presentes, y en su lugar tenemos recuerdos terribles en nuestras mentes.

A las personas que no han sufrido abuso sexual les resulta fácil simplemente dejar de pensar en el abuso, pero no es tan simple. Incluso cuando tratamos de no pensar en eso, cuando vemos a alguien que se parece a nuestro abusador o si olemos algo que nos recuerda el abuso, todos los recuerdos vuelven.

Incluso la decisión de ir a terapia para comenzar el proceso de sanidad puede ser abrumadora. Es difícil ser vulnerable y contarle a un extraño sobre nuestros secretos más oscuros. Muchas veces, preferimos el infierno porque es familiar. No queremos correr el riesgo de más dolor porque sentimos que no podemos soportar otra decepción.

Finalmente decidí hablar a pesar del riesgo porque estaba cansada de ser una víctima. Quería salir victoriosa y quería volver a sentirme saludable. Ser obligada a guardar silencio me había despojado de mi poder. En el momento en que decidí dejar de ser una víctima y hablar, comenzó mi proceso de sanidad, pero ten en cuenta que aún era oscuro y difícil. El cambio en la ayuda emocional no llegó el día que hablé, pero fue el punto de partida. Empecé a despertar con esperanza y comencé a tener fuerzas para presionar a través de la depresión. Con el cambio, también habrá pérdida. Cuando hablé, perdí las relaciones porque no me creyeron o no estuvieron de acuerdo conmigo. Mi familia extendida tenía opiniones hostiles y hubo interrupciones y algunas divisiones, pero entendí que no era mi culpa. Hubo consecuencias de que hablara, pero el resultado final ha sido positivo para mí como individua. Me amo y me respeto ahora. Me siento libre y sé que puedo superar cualquier obstáculo que se ponga en mi camino. Finalmente, aprendí a dejar de preguntarle a Dios "*por qué*" cada vez que encuentro un desafío, y en su lugar, ahora le pregunto a Dios "*¿para qué?*" porque sé que puede servir como conocimiento para mí y sabiduría para los demás.

Ten Compasión Por Sí Misma
Recuerdo vívidamente estar sentada en mi sala siendo una niña de ocho años y viendo la televisión. El abuso sexual acababa de comenzar. No sabía si era la única niña que estaba pasando por esto o si todas las chicas pasaban por eso, pero no hablé sobre eso. Sentí miedo, confusión y dolor. Lo que estaba pasando era algo con lo que una niña de 8 años nunca debería lidiar, especialmente no sola. Sentí que tenía el mundo sobre mis hombros. Debería haber estado viviendo la inocencia descuidada de la infancia, pero en cambio sentí un inmenso estrés y dolor. Recuerdo haber visto la televisión y esperar que una celebridad hablara sobre el abuso sexual. Pensé que las celebridades podrían hablar de eso porque tenían el poder de una gran audiencia. Cualquiera que hable de abuso sexual me habría quitado el sufrimiento de mi soledad. Necesitaba saber que no estaba sola. Desafortunadamente, nunca sucedió, y mi sufrimiento solitario continuó.

Cuando crecí, traté de protegerme con silencio. Pensé que si estaba en silencio, no me sentiría avergonzada porque la gente me miraría de una manera diferente. Pensé que estaba protegiendo a mis padres del sufrimiento y que mi hermana mataría a Trino. No quería que terminara en la cárcel. Años más tarde, me di cuenta de que mi racionalización era incorrecta. Llegué a esta conclusión a los 16 años cuando Trino quería alejar a los niños de Jenni. Sabía que tenía que hablar porque era peligroso en muchos aspectos y necesitaba ser detenido. Fue entonces cuando toda mi vida cambió, y finalmente encontré el valor para hablar. Sabía que tenía poder en ese momento porque podía ayudar a los niños de Jenni. Tuve la fuerza para decirle a mi hermana y ella reunió el valor para escucharme. Ella me creyó y me mostró que íbamos a buscar justicia juntos. Trino ya no pudo lastimar a Chiquis o Jacqie y eso me trajo alegría. Mi amor por mi hermana y mis sobrinas me impulsaron a tomar medidas. Una amenaza me mantuvo en silencio, pero otra amenaza me catapultó para hablar, enseñándome que Dios hace que el universo conspire a nuestro favor para redimirnos. A veces, el enemigo se tropezará sin la necesidad de mancharse las manos con venganza.

El voto que hice cuando era niña para nunca hablar sobre mi abuso sexual ya no me servía. Me di cuenta de que a los 8 años era demasiado joven para hacer un voto tan poderoso. Cuando un voto se hace bajo angustia, no es necesario que lo guarde. Mantener un voto angustiado suele ser perjudicial. Cuando callamos para proteger a los demás, finalmente nos lastimamos. Está bien mirar atrás y pensar: *"eras demasiado joven para hacer ese voto."* Tenemos derecho a cambiar de opinión. No es que somos desleales a nosotros mismos, sino todo lo contrario. Cuando hablamos, nos honramos a nosotros mismos. Cambié de opinión y empecé a hablar para salvar a mis sobrinas, y al hacerlo, también me salvé. Compartir mi historia comenzó mi proceso de sanidad. No lo sabía en ese momento, pero estoy

feliz de haberlo hecho. En el momento en que hablé, dejé de ser una víctima.
Cuando no hablas, tu mente puede engañarte y pensar pensamientos muy locos, pero una vez que hablas, otros pueden ayudarte a resolver esos pensamientos que te persiguen. Está bien ser vulnerable. Está bien aceptar que te has roto y ahora quieres que tus piezas vuelvan a estar juntas. Muchas veces, no podemos sanar solos y necesitamos el apoyo y la guía de otros para sanar. Definitivamente necesitamos que Dios camine a nuestro lado mientras sanamos, pero a veces, Dios envía personas para que nos ayuden.
Una vez que te sanan, es una oportunidad para ayudar a los demás, y pasas de victima a vencedora. Al crecer, era la única de los Rivera que no quería estar en el escenario o trabajar con un micrófono. Terribles circunstancias me han convertido en una figura pública. El dolor, el quebranto y el sucio negocio detrás de los medios españoles me dieron ganas de correr por las colinas y esconderme, pero sé que para ayudar a otros, necesito una plataforma para hacer llegar mi mensaje a un público más amplio. Estoy dispuesta a utilizar esta plataforma no deseada para ayudar a otros. Incluso si eso significa subir a un escenario con un micrófono para compartir mi historia porque me doy cuenta de que esta vida no se trata solo de superarla. La vida se trata de ayudar a otros en el camino, incluso cuando significa salir de tu zona cómoda. Quiero ser quien necesitaba ver en la televisión mientras crecía, para que otros puedan saber que no están solos. Puedo ser un ejemplo de fortaleza, alegría y esperanza al simplemente continuar la vida con una sonrisa. No quiero que otros sufran de la manera en que lo hice. Quiero que venzan en Cristo como lo hice yo.

Muchas Veces Nuestros Planes Para La Vida No Es El Plan De Dios Para Nosotros

Dios conoce nuestro corazón y nuestro propósito.
Necesitamos aprender a ser obedientes en lugar de huir de

nuestro destino. Dios sabía que necesitaba compartir mi historia para que otros que han pasado por lo que pasé puedan decir: *"Si Rosie puede vencer el abuso sexual, yo también puedo."*

Dios sabía que tenía que compartir mi historia para que las niñas pequeñas que ven la televisión puedan verme y ahora quieran hablar para comenzar su proceso de sanidad. Hablar no siempre tiene que ser público; puede ser contarle tus más profundos secretos a Dios. Recuerdo que una vez que entregué mi vida a Dios, le conté todo mi dolor y mis secretos, y Él los sanó a todos. Me preguntó: *"Rosie, ¿Quieres ser la persona que habla?"* Pensé en todas las excusas posibles para decir que no, pero al final dije que sí porque provenía de un lugar de pasión y amor para Él. Amado Dios me hizo amar a su pueblo. Amo a las personas y odio la injusticia. No siento lastima por las víctimas porque la lastima observa, mientras que la compasión actúa. Sentí en mi corazón la necesidad de ayudar a mis hermanos y hermanas en el dolor. Mi propósito es impactar el mundo que me rodea presentando el poder de Cristo para sanar y restaurar a los heridos y quebrantados. Solo entonces, vale la pena atravesar el abuso sexual.

Cuando comencé a hablar, mi vergüenza fue liberada. Cada vez que cuento mi historia, lo digo sin vergüenza y me vuelvo más fuerte. El enemigo mintió y me dijo que debería avergonzarme, y debería callarme. Incluso las personas que amaba, me dijeron lo mismo. Un pastor, familia y líderes de mi comunidad también me dijeron que debería callarme, pero les dije que no y me alegro de no haberlos escuchado. Ya no se trataba de mí. Se trataba de ayudar a otros a superar lo que había pasado porque sé lo destructivo que es el abuso sexual. No iba a hacer lo que otros querían que hiciera y no iba a permanecer en silencio porque hacía que los demás se sintieran incómodos. La realidad es que el abuso sexual ocurre, pero la mayoría no quiere hablar sobre eso. Quieren tratar de ignorarlo o lo niegan porque hace que la familia se vea mal. Aunque muchos no quieren reconocerlo, el abuso sexual afecta a millones de personas en todo el mundo. Más personas necesitan hablar para que aquellos que están pasando por eso, puedan aprender cómo salir de esa situación y comenzar su proceso de sanidad. El abuso sexual afecta a la víctima, a sus familias y a la sociedad en general.

Los evangelios revelan a muchas personas que necesitaban sanidad y corrieron a Jesús para un milagro. Todos requerían fe, y algunos necesitaban soltar el equipaje que tenían. En Marcos 10:46, vemos a Bartimeo llamar a Jesús para que lo cure. Jesús se detiene y lo llama. Bartimeo se levanta, se quita el abrigo y se dirige hacia Jesús. En su ceguera, Baritmaeus necesitaba y dependía de ese abrigo para cubrirse, abrigarse y protegerse. Ese abrigo era su salvavidas. En su sanidad, ya no necesitaría ese abrigo. El abrigo del que alguna vez dependió ahora sería un equipaje extra que podría agobiarlo en su nueva temporada. Aunque ciego, Bartimeo pudo ver que Jesucristo tenía un mejor reemplazo para su abrigo.

Algunos de nosotros necesitamos dejar algunos abrigos atrás. Algunas relaciones, píldoras o malas costumbres deben abandonarse mientras corremos hacia nuestra sanidad. No estás perdiendo nada, y obtendrás la sanidad y el poder para ser el verdadero tú antes del dolor. Tu abrigo puede parecer silencio, miedo, vergüenza o timidez.

Consecuencias De Decir Tu Verdad
Cuando hablas, la gente se alejará de ti y es posible que pierdas un par de personas en tu vida, pero la sanidad vale la pena. Traer sanación a otros es la mejor recompensa por nuestra obediencia a Dios. Mi vida cambió de una manera que nunca pensé posible cuando comencé a ayudar a otros.

Hay diferentes etapas en nuestro proceso de recuperación. Pasamos de ser una víctima, a una sobreviviente, a una vencedora. Eres una víctima cuando estás siendo abusada activamente y muchas veces nos quedamos en esa etapa porque seguimos repitiendo la historia en nuestra mente, incluso después de que el abuso termina. Tenía 18 años y todavía era una víctima después de que mi abuso terminó años antes porque lo estaba reviviendo en mi mente una y otra vez al convertirlo en la razón de todo lo que ocurrió en mi vida. Cada vez me sobrevenían las mismas emociones y sentía que nunca iba a superarlo. Cuando hablé, pasé de ser una víctima a ser una sobreviviente. Eso te lleva al segundo paso de recuperación y ya no revives el abuso. Ese es el momento en que recuperas tu poder. Ya no estás traumatizada, paralizada o deprimida por lo que sucedió. Cuando te conviertes en una vencedora, te das cuenta de que ser una sobreviviente no es suficiente. Ser una sobreviviente significa que el agua está hasta tu cuello y que ahora puedes ver aguas por encima, pero aún eres capaz de ahogarte tus emociones nuevamente. No podría vivir así. No podía vivir con la posibilidad de volver a quedar paralizada por mis pensamientos otra vez, así que trabajé duro hasta que obtuve la victoria.

No podía vivir con el hecho de que ya había superado mi abuso, por lo que muchas personas todavía se ahogaban en su dolor. Encontré la clave de la alegría y quería compartirla con todos los que habían sido abusados sexualmente para que también pudieran sanar. Decidí convertirme en el cambio que quería ver, y me convertí en la mujer que Dios quería que fuera; una voz para los sin voz. Eso significaba salir de mi historia e ir a la historia de otras personas para ayudarlos a sanar. Sabía que estaba lista y creía que podía hacerlo con Dios a mi lado.

Caminar por nuestro pasado puede ser una experiencia muy aterradora. Comenzamos a revivir el abuso y puede ser doloroso, pero no tienes que caminar sola. Caminar con alguien hace que sea mucho más fácil. Quiero sostener tu mano justo cuando mi hermana me tomó de la mano el proceso. Cuando le conté al agente de policía sobre mi abuso sexual, Jenni me tomó la mano todo el tiempo y eso me dio fuerzas. Eso es lo que quiero hacer por ti. Quiero orar por ti, quiero ayudarte a pasar los días difíciles, y quiero enseñarte cómo superar el proceso.

Si te estás recuperando de un abuso, una violación, un daño físico o cualquier otro tipo de abuso, quiero ayudarte a sanar llevándote a la respuesta: Dios. El proceso no es fácil, ¡pero vale la pena porque lo vales!

Acostumbrados A Ser Una Víctima

Muchas veces, es difícil querer cambiar porque estamos tan acostumbradas a ser una víctima. Conocemos el dolor, y después de un tiempo, nos resulta familiar y nos sentimos cómodos viviendo en él. Preferiríamos sentir el dolor que lo desconocido porque creemos que el cambio puede causar sufrimiento adicional que simplemente no podemos manejar. Un futuro desconocido puede parecer aterrador, incluso si se trata de un futuro feliz. Estaba tan aterrorizada por la felicidad como por el dolor.

Esto me recuerda la historia de la Biblia donde un hombre cojo había estado en el estanque de Bethesda por 28 años para ser sanado, pero él nunca entró. Jesús vino y le preguntó si quería ser sanado y pareció una pregunta tonta, pero Jesús se lo preguntó por una razón. Cada pregunta que Dios hace es por una razón. Parece que cada víctima quiere ser sanada, pero Jesús hizo la pregunta porque sabía que en el fondo, el hombre cojo tenía miedo de ser sanado. Se había acostumbrado a ser una víctima. El cojo no respondió que sí, sino que respondió con excusas. Dijo: *"Es muy difícil, no puedo hacerlo solo, la gente no me ayudará."* ¿A cuántos de nosotros Dios nos ha pedido si queremos ser sanados y hemos respondido con excusas? Es hora de dejar de dar excusas. Sí, el proceso de sanidad es aterrador, difícil, y vamos a derramar lágrimas, pero vale la pena. Lo vales. Toda tu vida cambiará una vez que decidas transformar tu dolor en poder.

No quería comenzar el proceso porque quería seguir viviendo de la manera en que había estado viviendo porque es todo lo que sabía. Es triste, pero a veces preferimos quedarnos con lo que sabemos que correr el riesgo de lo desconocido. Lo desconocido da miedo, y lo loco es que tememos la felicidad porque ha pasado tanto tiempo desde que lo sentimos. Tenemos miedo de despertar sin el dolor o el drama porque se ha convertido en nuestra identidad.

Muchas veces, creemos que todos quieren algo de nosotros. Es difícil recibir amor cuando eres una víctima. Antes le decía a Abel: *"No sé lo que quieres que haga cuando me das un regalo o me compras flores. ¿Se supone que debo sonreír o se supone que debo llorar lágrimas de alegría? ¿Qué quieres de mí?"* Las víctimas siempre piensan que las personas quieren algo de ellos. Nuestros abusadores nos quitaron la paz, nuestra alegría y nuestra inocencia y creemos que la gente quiere seguir quitándonosla. Muchas veces, las personas no quieren nada de nosotros y Jesús seguramente no necesita nada de nosotros. Él quiere darnos. Tenemos que aprender a recibir y tenemos que aprender a confiar en los demás de nuevo. Hay mucha gente por ahí y debemos darles a los demás la oportunidad de amarnos.

Decidí dejar de ser una víctima porque estaba cansada de la ira que sentía por dentro. Estaba llegando al punto en que la tristeza me estaba enfermando, y la ira me estaba destruyendo. Estaba enferma y cansada de estar enferma y cansada.

Ya No Soy Una Víctima

Ahora, la vida para mí es completamente diferente. Me despierto con un propósito y con energía para vivir la vida que elegí. Quería morir por tanto tiempo, pero ahora quiero vivir y puedo volver a soñar. Había dejado de soñar. Ahora, puedo mirar a la gente a los ojos cuando antes caminaba mirando hacia abajo. Conocía cada grieta en el piso porque preferiría mirar el piso antes que la gente me mire a los ojos. Dicen que los ojos son las ventanas del alma y ahora no me avergüenzo de que otros vean mi alma, y quiero ver el alma de los demás. Quiero hacer conexiones reales y amistades con otros.

Tu decidirás si eres una víctima o una vencedora. No temas a lo desconocido. No tengas miedo del futuro. He estado allí, y he hecho el trabajo para sanar y puedo asegurarte que vale la pena. El futuro puede ser maravilloso. El futuro tiene regalos para ti. El futuro contiene tu sanidad y tu paz. Todas las sonrisas que te perdiste ahora te llegarán. Tienes que quererlo. No puedo desearlo para ti y Jesús no puede desearlo para ti. Tienes que quererlo por ti misma. Tienes que quererlo tanto que estás dispuesta a soltar tus miedos y decidir arriesgarlo todo. No tienes nada que perder. Has experimentado la oscuridad por tanto tiempo y has llorado hasta los ojos. Ahora es el momento de retomar tu energía. Una vez que retomes tu poder, te despertarás y podrás soñar de nuevo.

Días Malos Son Normales
Todavía tendrá días malos ocasionales y eso es normal. Aún tengo desencadenantes, pero no soy víctima de ellos. Todavía tengo un pequeño problema de actitud, pero sé que con Dios lo usaré contra el Enemigo y no contra mis seres queridos. Lucho con ser antisocial y confiar en los demás. Soy un trabajo en progreso, pero estoy en camino. Puedo descansar en la escritura que dice: *"Cristo no se dará por vencido en las obras de sus manos."* Ahora puedo controlar mis emociones y ellas no me controlan. No peleo todos los días cuando el Enemigo me dice que no valgo nada y que soy inútil porque sé quién soy ahora. Aprenderás a ganar tus batallas también. Solo da el primer paso y Dios te guiará en el resto.

Historia De La Biblia Job 42:10
*"Después de que **Job había orado porsus amigos**, el Señor restauró su fortuna y le dio el doble de lo que tenía antes."*
Job fue el primer libro de la Biblia jamás escrito y muy identificable. Job perdió tremendamente en un día. De la misma manera que tú y yo. Sentimos que perdimos nuestro futuro, nuestra pureza, nuestra dignidad y nos confundimos. Job pasó por un período de confusión también. Incluso fue atacado por sus amigos y dijeron que probablemente fue su culpa haber

perdido todo. Estoy segura de que has oído eso también. Tal vez dijeron que porque estuviste vestida de manera demasiada provocadora o porque estabas con la gente equivocada, el abuso sucedió. Escuché algunas de las acusaciones más hirientes culpandoa la víctima, pero no las acepté. No importa cómo nos vestimos o lo que dijimos, no merecíamos el abuso. No fue nuestra culpa. Puedes culparte a sí misma por la división de tu familia en dos, porque tus sobrinas pierden a su padre y tu madre llorando hasta dormir, pero solo hay una persona a quien culpar y esa es el abusador. La vergüenza y la culpa no son tuyas.

Mientras los amigos de Job lo dudaban, también lo dudaba su esposa. Ella pensó que Job debería maldecir a Dios para acabar con él y morir. Tal vez la gente te haya dicho que Dios te hizo esto porque lo merecías. Tal vez te has dicho que te lo merecías. No lo merecías. Dios no tuvo nada que ver con lo que te hicieron, pero tiene todo que ver con tu sanidad. Confía en que Dios te dará justicia y Él sanará tu corazón.

En lugar De PedirleA Dios *"¿Por qué?"* Pregunta *"Para qué?"*

Job quería saber la razón de todo su sufrimiento y queríamos saber por qué nos pasó todo. Muchas veces, no sabremos hasta mucho después si nos lo dicen. A Job no se le dijo en esta vida el motivo de su pérdida. Dios quería fe y devoción en base a quién era Dios y no por lo que Él podía darnos. Es posible que no lo sepamos ahora, pero lo sabremos en la eternidad. Esto no significa que tenemos que permanecer en la etapa de la víctima. Podemos ser vencedores incluso cuando no sabemos por qué nos sucedieron las cosas. El por qué no es en lo que deberíamos enfocarnos, en cambio deberíamos preguntarle a Dios, *"¿para qué sirve esta lección?"* Una vez que Job fue restaurado y recuperó todo, no solo se convirtió en un sobreviviente. Él se hizo victorioso. Fue y oró por las mismas personas que lo acusaron y lo señalaron con los dedos. Él quería que fueran bendecidos. Quería que ellos conocieran al Dios que él conocía,

y quería que tuvieran paz. Algo le sucedió a Job en ese proceso, y quería compartirlo con aquellos que amaba, incluso si lo habían lastimado y dudado de él. Hay esperanza para ti. El propósito de mi vida es ayudarte a transicionar como Job, de ser una víctima a una sobreviviente a una victoriosa. Donde sea que te encuentres en el proceso, no seas impaciente. No midas tu éxito por el viaje de otras personas. No te apresures. Incluso si todavía estás de duelo, todavía tienes la oportunidad de avanzar y sanar. Una vez que haya a llegado a la etapa de sobreviviente, piensa en quién puedes ayudar y orar por. Es cuando compartes la gracia que has recibido con los demás, que sientes la mayor alegría.
Muchos tratarán de desacreditarte y dirán que estás loca, pero recuerda que la opinión de Dios es la que importa. Nacimos para ayudar a otros. Realmente admiro a Job. Debe haberle costado mucho a orar por sus acusadores. Tomó humildad y desinterés. Se necesita más poder para amar que para odiar. Cuando rezas por aquellos que te han lastimado, recuperas todo tu poder y Dios te bendecirá abundantemente.

Reto
Sal de tu enojo, dolor y angustia para poder entrar en paz y alegría. El cambio realmente sucede cuando decidimos salir de nuestro dolor y decidimos ayudar a aliviar el dolor de los demás. Entonces es cuando sabemos que hemos sido transformados. Podemos ayudar a otros enviando un mensaje de texto o un correo electrónico. Puede ser visitando la casa de alguien y trayéndole comida, incluso si no sabes de dónde vendrá tu comida. Siempre debes saber que Dios lo proveerá para ti. Lo que le das a los demás, lo recibirás multiplicado. No podemos darle de más a Dios. Él siempre nos dará más de lo que hemos dado. La Biblia dice que es mejor dar que recibir, y lo experimenté. No tiene que ser dinero lo que das, puede ser amor. Te desafío a que dejes de pensar en tus propias necesidades y pienses en lo que otros necesitan. Te desafío a

orar por alguien que haya vivido una experiencia similar a la tuya, para que puedan encontrar la paz. Guía a alguien a Cristo. Conviértete en amigo de alguien. Da consejos de un lugar de experiencia. Sea transparente y vulnerable con alguien que necesita estímulo para compartir su historia. No tienes que solucionar sus problemas; todo lo que tienes que hacer es amarlos. Entonces, pasarás a ser victoriosa y nada ni nadie podrá quitártelo. Ahí es cuando te conviertes en lo que Dios te propuso que fueras.

Pensaste que te perdiste y el Enemigo te dijo que nunca serías la misma, pero eso es una mentira. Puedes salir victoriosa y puedes recuperar todo lo que perdiste. Tu Redentor vive y porque Cristo murió, podemos enfrentar el mañana.

Reconocimientos

Este libro no sería posible sin la dedicación, el talento, el trabajo duro y la pasión de Elvira Guzmán. Gracias por escuchar atentamente, escribir con amor y editar con precaución. Tengo el privilegio de trabajar contigo. Veremos los frutos de todas las horas invertidas y los ojos rojos.

Desde lo más profundo de mi alma, muchas gracias, mi Kassey, por darme un empujón para que crezca y busque ayuda. Desde el útero Dios te usó para salvarme, si no hubieras existido, yo no sería quien soy. Eres mi sol.

Gracias, mi dinámica Sammy, desafías a mamá todos los días a ser una mejor versión de mí misma. Tú eres mi estrella.

Mi hijo, Eli, gracias por tu sonrisa. En el momento en que te vi, supe que valías la pena al esperar. Ahí va el hombre de Dios.

Gracias mi maravillosa, loca, impulsiva, explosiva, pero siempre cariñosa familia. Tu amor es la base de mi alma.

Madre, personificabas el amor con los rodillos y las pijamas a las cuatro de la mañana. Gracias por nunca renunciar a mi.

Mi esposo, te doy mi corazón una y otra vez para agradecerte por haber elegido amarme con todo lo que soy. Nunca me han amado así antes. Yo soy la bendecida. Soy yo. Gracias por escribir mi capítulo favorito en este libro y la mejor historia de amor de mi vida.

Hermana, si solo pudieras verme ahora, me he convertido en la mujer que dijiste que sería. Gracias por nunca renunciar a mí, ver la versión futura de mí y plantar las semillas de un autora en mi corazón cuando tenía 16 años. No eras una loca, eras un visionaria.

Jesucristo, el amante de mi alma, gracias por la mansedumbre que me mostraste en el Calvario. Tuviste el poder de salir de la Cruz, pero tu gran amor por mi; Rota, sucia, pecaminosa, egoísta, lastimosa, me transformó en una poderosa cambiadora del mundo. No puedo hacer nada para agradecerte, pero estoy viva para hacerte sonreír.

Espíritu Santo, tú eres la mayor herencia que he recibido. El único que no puede ser arrancado. Gracias por ser mi amigo cuando no soy amigable o amorosa. Gracias por darme el poder que necesito para vivir mi propósito.

Padre, gracias por aceptarme nuevamente. Ya no somos enemigos y nunca te has avergonzado de que te vean conmigo. Gracias por tu amor implacable. Gracias por la oportunidad de hacer que TUS sueños se hagan realidad.

Rosie Rivera

Rosie Rivera Flores es graduada de UC Irvine y estudió teología en el Instituto Bíblico, Angelus Temple. Está casada con el adorador, Abel Flores, y es madre de Kassey, Sammy Chay y Eli. Rosie es fideicomisaria de la propiedad de Jenni y presidente de Jenni Rivera Enterprises. Abel y Rosie ministran a adolescentes, mujeres que fueron abusadas y matrimonios internacionales.

i

The Cure by John Lynch, Bruce Mcnicol and Bill Thrall
ii

The Heart of Man documentary
iii

Brain On Sex: How The Brain Functions During An Orgasm. http://www.medicaldaily.com/brain-sex-how-brain-functions-during-orgasm-274052

Made in the USA
Middletown, DE
07 May 2019